像特战队员一样思考

如何打造精英团队并于其中
做好自己及领导他人

（英）弗洛伊德·伍德洛 西蒙·阿克兰◎著
杨占◎译

THE SECRET TO EXCEPTIONAL
LEADERSHIP AND PERFORMANCE

化学工业出版社
·北京·

Elite! The Secret to Exceptional Leadership and Performance, 1st edition by Floyd Woodrow, Simon Acland.
ISBN 978-1-90873-945-2
Copyright©2012 by Floyd Woodrow and Simon Acland. All rights reserved.
Authorized translation from the English language edition published by Elliott and Thompson Limited.

本书中文简体字版由Elliott and Thompson Limited授权化学工业出版社独家出版发行。

本版本仅限在中国内地（不包括中国台湾地区和香港、澳门特别行政区）销售，不得销往中国以外的其他地区。未经许可，不得以任何方式复制或抄袭本书的任何部分，违者必究。

北京市版权局著作权合同登记号：01-2018-1847

图书在版编目（CIP）数据

像特战队员一样思考／（英）弗洛伊德·伍德洛（Floyd Woodrow），（英）西蒙·阿克兰（Simon Acland）著；杨占译.—北京：化学工业出版社，2018.7

书名原文：Elite! The Secret to Exceptional Leadership and Performance

ISBN 978-7-122-31423-9

Ⅰ.①像… Ⅱ.①弗… ②西… ③杨… Ⅲ.①管理学-通俗读物 Ⅳ.①C93-49

中国版本图书馆CIP数据核字（2018）第013608号

责任编辑：王冬军　张丽丽　　　　　装帧设计：水玉银文化
责任校对：宋　夏　　　　　　　　　版权引进：金美英

出版发行：化学工业出版社（北京市东城区青年湖南街13号　邮政编码100011）
印　　装：三河市双峰印刷装订有限公司
880mm×1230mm　1/32　印张8½　字数175千字
2018年7月北京第1版第1次印刷

购书咨询：010-64518888（传真：010-64519686）　售后服务：010-64518899
网　　址：http://www.cip.com.cn
凡购买本书，如有缺损质量问题，本社销售中心负责调换。

定　　价：39.80元　　　　　　　　　　　　　　　版权所有　违者必究

弗洛伊德的指导，为最高水平的领导力与团队组建提供了新的见解和灵感。

——肖恩·菲茨帕特里克（Sean Fitzpatrick）
新西兰全黑橄榄球队前队长

弗洛伊德能够改变游戏规则，可以打造出追求卓越的成功团队和氛围。我珍视他的建议，并向你推荐这本书。

——安迪·弗劳尔（Andy Flower）
英格兰板球队教练

和弗洛伊德相识已有八年了，我对此深感荣幸。他和西蒙能完成这样一部杰作，我并不感到惊讶。这本书可以帮助读者了解要成为一名卓越的领导者和团队合作者所应该具备的能力和心态。弗洛伊德根据自己在英国特种空勤团的经历所改编的故事非常耐读。同时，作者还将个人经历巧妙地穿插进来，以帮助读者把握卓越领导力的一些基本概念。这本书的伟大之处还在于其真实性：弗洛伊德其人与他所书写的内容是完全对应的。对于想要拥有卓绝领导力与执行力的人，我会毫不犹豫地推荐这本书。

——尼尔·霍克斯博士（Dr Neil Hawkes）
国际价值教育信托（IVET）创始人

这本书引人入胜，是作者本人经历的真实写照——不仅富有洞察力和想象力，而且极具启发性。

——伯纳德·霍根－豪（Bernard Hogan-Howe）
伦敦警察厅总监

我曾与弗洛伊德·伍德洛以及整个英国电信全球服务部（BT Global Services）的领导团队一起共事。他做出过很多极有价值的工作，我对他也非常了解。作为高德纳魔力象限（Cartner Magic Quadrant）在全球电信市场事务中的重要参与者，我们只有保持最佳状态，才能稳固在全球电信业的领导地位。这也意味着我们不仅要引导自己、伙伴以及我们的员工做得最好，还要对"什么才是最好的方式"重新下定义。这也是弗洛伊德帮助我们完成的工作。就像弗洛伊德和西蒙·阿克兰一样，我们也是来自不同的背景，循着不同的轨迹，最后走到了这里。在弗洛伊德的帮助下，我们学会了认识自己和他人；学会了作为个人或团队的一员，该如何掌控自己的力量，从而实现并拓展我们的目标。当然，这本书的效果，和弗洛伊德本人在你身边还是不一样的。如果你对他独特的方式感兴趣的话，你会发现，他对个人表现与领导力之间关键点的理解，在书中有着清晰的阐释。为此，我强烈推荐这本书。相信中高层经理人都会从这本书中受益，从而学会如何领导团队高效运作。

——埃默尔·蒂蒙斯（Emer Timmons）
英国电信全球服务部总裁

弗洛伊德·伍德洛并不是一个纸上谈兵的人，他总会身体力行。书中所讲述的，都是现实生活中最鲜活的例子，但却全部着眼于未来。这就是这本书的独到之处。

——**罗杰·路易斯**（Roger Lewis）
威尔士橄榄球联盟首席执行官

这本书将一线的经验与详细的研究相结合，对于提高领导力及组建成功团队具有极高的指导价值。

——**格雷戈尔·汤森**（Gregor Townsend）
英国员佐勋章获得者，格拉斯哥勇士队主教练

那些能够发挥出最高水平的个人、团队以及组织，总是令我心驰神往。我曾经同许多极具才华的人共事。在我看来，有些核心的原则，就像是一条金丝带，将这些成就卓越者的心智、身体以及行为联系在一起。当我发现这些原则的时候，我就在想：为什么自己没能早一点知道这些呢？在本书中，我将对其中一些要素进行详细阐述，这些要素对我的人生影响至深，相信也是一个团队、一个组织能发挥出卓越水平的必要条件。

弗洛伊德·伍德洛

ELITE!
目录
The Secret to Exceptional
Leadership and Performance

引　言　弗洛伊德·伍德洛其人，以及
　　　　你为什么要读这本书 // XIII

第一章　神奇的大脑

深入敌后·1 // 003
一切尽在大脑中 // 008
我的头脑里到底在做些什么 // 011
把你大脑的线接上 // 014
训练你的大脑 // 015
活到老，学到老 // 020

第二章　人格类型

深入敌后·2 // 025
先天还是后天 // 030
每个人都是与众不同的 // 031
人格画像 // 031
人格类型调查表使用 // 034
术语解释 // 037
测测你的朋友 // 038
肢体语言 // 040
数据接收 // 048

第三章 北极星：知道自己的重点、目标和目的

深入敌后·3 // 053
职业咨询 // 058
职业使命感 // 059
一切皆有可能 // 066
"F"开头的词 // 067
乐观主义 // 069
坚定信念 // 074

第四章 交流与谈判

深入敌后·4 // 079
交流也是谈判，谈判也是交流 // 086
准备 // 088
谈判风格：一输一赢，还是双赢 // 092
"因为"的力量 // 112
记得聆听 // 113

第五章 训练自我：进入"涌流"状态

深入敌后·5 // 117
做好最基本的事情 // 120
健全的精神寓于健全的体魄 // 121
良好的练习 // 128
缺乏训练 // 129
掌控你内心的声音 // 130
利用压力 // 131
触发器 // 134
通过这些区域 // 134

象征的力量 // 135
付出 // 136
当下与改正 // 137
个人掌控 // 138
进入"涌流" // 142
如何进入"涌流" // 149
"涌流"掌控 // 150

第六章　作为团队成员的你

深入敌后·6 // 155
为什么要做团队中的一员 // 159
生，还是死 // 160
精英团队的四个要素 // 161
现实中的精英团队 // 169
学会给出有效的反馈 // 172
团队之外 // 173
一个团队中的不同人格类型 // 174

第七章　作为团队领导者的你

深入敌后·7 // 181
从团队成员到团队领导者 // 185
团队领导者该做什么 // 188
如何对待能力不足的团队成员 // 208
多重团队中的领导者 // 210

第八章　作为机构领导者的你

深入敌后·8 // 219

从优秀到卓越 // 223

从团队成员到团队领导者,再到机构领导者 // 228

第九章　结语

深入敌后·9 // 241

致谢 // 247

译后记 // 249

补充阅读 // 251

ELITE! 引言
The Secret to Exceptional Leadership and Performance

弗洛伊德·伍德洛其人，以及你为什么要读这本书

从某种意义上说，这是弗洛伊德·伍德洛的书，书中凝聚着他的智慧与经验。他的亲身经历以及那些奇闻逸事，使得本书读起来充实而生动。而我所做的，则是在书中把一些文字性的东西连贯起来。如果我没有把弗洛伊德的"声音"真实地传递给大家，则是我的失责。

当然，本篇引言是个例外，因为这部分的确是我（西蒙·阿克兰）所要表达的内容。我之所以要说这些，主要有两点原因：其一，我可以说说弗洛伊德这个人，把他介绍给大家，因为他本人非常谦虚，不愿多说自己；其二，我想说我自己通过这本书也明白了很多东西。如果三十年前就能明白这些道理的话，相信我的事业将会更加成功。

当弗洛伊德还是个小孩子的时候，他就有了一个坚定的志向——要做一名伞兵。其实，他完全可以在很多职业运动领域做得很出色，例如拳击、橄榄球、赛艇，或者其他一些项目。

他的确有这些方面的特质：意志坚定、获胜心强、追求卓越且百折不挠。如果他真的当了职业运动员，我相信他的名字肯定已经家喻户晓了。

然而，他却选择成为一名伞兵。原因很简单：这是一份最具挑战性的职业。与那些运动项目比起来，跳伞更危险，要求更苛刻，也需要更多的付出和努力。弗洛伊德认为，这份职业能最大限度地发挥他自身的潜力。18岁那年，由于他在录取考试中取得了优异的成绩，军队想培养他走另外一条道路：做军官或当一名工程师。但弗洛伊德的志向并没有为之动摇。他依然决定当一名伞兵，从最底层做起。

四年之后，弗洛伊德结束了在北爱尔兰一段艰难的任期，成为一名英国特种空勤团（SAS）队员，成了最年轻的精英中的精英之一。他在部队服役期间，有过许多非同寻常的冒险经历，曾被授予杰出行为勋章——为表彰军人英勇无畏的精神而授予的最高级别的奖章，仅次于维多利亚十字勋章。他还曾获得大英帝国员佐勋章（Member of the British Empire, MBE）。本书中所讲述的故事，并不完全等同于当时真实的军事事件，因为这涉及一些机密和我们之间相互的信任。但是，书中所说的内容，在"深入敌后"的战斗中却是会真实发生的。我们略加裁剪和润色，以此来说明本书的观点。

就在服役期间，弗洛伊德还取得了法学学位，后来又学习了心理学。弗洛伊德是2008年离开特种空勤团的，时为少校军衔。此后就一直有人邀请他在政府机构、警局、体育团队，以

引言

及大大小小的公司担任顾问。他在自我激励和团队领导力方面有着许多非凡的经验和成就,并形成了一套完善的理论,这也正是本书所要传达给读者的信息。

我第一次与弗洛伊德见面,是在海德公园里的兰斯伯瑞酒店,那儿的环境非常好。我们两人的生活背景差异很大,各自循着不同的人生轨迹。不过我一见到他就对他很有好感。当然,见到一位功勋卓越的特战英雄,每个人都会有一些期待的。而弗洛伊德就很符合我的期待——他是一个健康强壮的人,个子很高,肌肉发达,目不斜视且炯炯有神。不过,当这些外表的第一印象沉寂下来之后,你还会发现,他言谈举止极为镇定沉稳,身上充满了巨大的潜能。可以想象得出,他在服役期间是如何地身经百战。

那次见面之后,我还担心我们性格反差如此之大,没法协作来完成这本书。毕竟,我和他是完全不同的。我上学的时候很不喜欢各种运动或比赛,总是怕脏、怕冷、怕受伤。我当时对弗洛伊德以及对我们不同性格的判断纯属个人直觉,因为我对一些人格评价的科学方法总是持有怀疑的态度。像我这样方法业余,骨子里对那些培训、指导、建议等等充满鄙视的人来说,真担心没法领会他想要在书中表达的观点。

第二次与他见面是在希思罗索菲特酒店。当时他刚在一家大型煤气公司的年度营销会议上作了主旨演讲,500多名与会者完全被他的演讲所吸引。发言结束后,他又向我科学地证明了我们的性格处于完全相对的两极。按照荣格的人格类型划分，他属于外向、直觉、情感、知觉型；而我则属于内向、感觉、思维、判断型。这些内容弗洛伊德将在第二章中讲到。接着，他让我相信，他的外向型性格（ENFP）与我的内向型性格（ISTJ）恰好是一种平衡。我们能够形成一个完美组合。他说，他希望有人能挑战他的想法，验证他的想法。"你必须获得各种各样的反馈，"他微笑着说，"没有哪个人是靠光听好话就达到职业巅峰的。我知道你有点怀疑论的倾向，这是件好事啊。"听了他的话，我决定写这本书。他的专业精神击败了我的业余，也算是让我真正领教了他激励的技巧。

我主要从事针对技术性行业的风险投资，促进业务的发展，曾在40多家公司的董事会中任职。我最重要的职责就是和团队一起将公司运作好，以实现其既定目标。在这方面，我还是做得很成功的。我投资的多家公司的股票价格也一直看涨。有两家公司白手起家，现在已跻身全英最有价值的250家上市公司。还有一些已经成功地转让出去。我的著作《天使、龙与秃鹰》（*Angels, Dragons and Vultures*）已经被企业界所广泛接受，成为企业家们进入神秘风险投资领域的一本指南。

不过，我可以肯定，如果在事业初期就能从弗洛伊德这儿学到一些东西的话，我一定能获得更大的成功。我现在明白了，如果花点时间来系统地学习一下我的大脑是如何工作的，如何了解自己的性格，如何认识他人的性格，以及如何驾驭这些知识来实现我的目标，我必定会走得更远。而对于你，已经没有任何借口了，因为你已经拿到了弗洛伊德的这本书。

引 言

　　任何人，只要有心想在自己的领域有一番作为，都可以读读这本书。这本书会帮助你更好地理解你自己和他人是如何工作的，而当你被这些知识武装起来之后，这本书还能帮助你运用这些知识，以取得更好的表现。通过学习弗洛伊德的一套理论和实践方法，你将会成为一名优秀的团队成员，一名杰出的团队领导者，成为诸多团队领导者中的佼佼者。这本书将让你学会激励的技巧，让你的表现达到精英水平。

　　注意：如果你没有更多的追求，那么这本书就不适合你阅读了。

第一章 神奇的大脑

你无法将一个内部空空的铜把手塑造成头和大脑。

——查尔斯·狄更斯
《小杜丽》(Little Dorrit)

深入敌后·1

弗洛伊德坐在兰斯伯瑞酒店舒适的靠椅上,身体前倾,双肘搁在膝盖上。"西蒙,"他说,"我给你讲个故事吧,是关于我在服役期间碰到的几个团队的事。"

他顿了顿。在这片刻的沉寂中,我等着他开口,有些期待,还有些兴奋。他眼中专注的神情一下子就把我吸引住了。弗洛伊德抬起头,微微偏向一侧。看到我被他激起的期待,他专注的神情也带出了些许的幽默。

"这个故事并未真实发生过,但却极有可能发生。我想通过这个故事让你明白,我到底要在书中讲些什么。我很喜欢本书的书名。哦,我马上告诉你我为什么喜欢这个名字。

"我想先说说我以前所在的英国特种空勤团,讲一下这支队伍是如何组织的。因为正是在这支部队里,我学会了领导的艺术。毫无疑问,在我的心目中,我们这支队伍是全世界的佼佼者。我们这支队伍是1941年第二次世界大战(简称'二战')期间由大卫·斯特林(David Stirling)在西部沙漠组建发展而来的,当时是为了深入德国非洲军团的敌后执行破坏任务。据说,在沙漠战斗中,这支部队在地面对德国飞机的破坏力,比英国皇家空军在空中的打击能力还要强。到1942年,这支队伍被命名为特种空勤团。作为一个独立的作战单元,空勤团在'二战'后曾被解散过。现在常设的空勤团被称作第22特种空勤团,是1952年改组后形成的,我们队员一般把它叫作'空勤团'。自从'二战'以来,凡是有英国参与的战事,几乎都可以看到空勤团的身影。在无数次的行动中,我们身上肩负的责任,足以对整个世界的局势造成深远影响。其中最著名的,恐怕要数1981年伊朗大使馆的突袭战。这件事情你必须得记住。当时媒体都在显著位置报道了这则新闻,甚至还上了电视直播。在这次行动中,B中队的队员们营救了20名人质中的19名,击毙或逮捕了6名实施绑架的恐怖分子。很多机构都会拿这件事大加宣扬一番,不过,空勤团并不喜欢引起人们的关注。事实上,我们做的很多事情都没有公开过,而且可能永远也不会公开。

"自从队伍组建以来,我们中有很多人都因为表现英勇而获得各种勋章。我也是其中的一个。对此我还是感到很骄傲的。但是,我绝不是故作谦虚,如果没有身边的人,没有我们共同打造的精英团队,我是不可能获得这份荣誉的。只不过是我幸运地戴上了那枚勋章。获得员佐勋章也是这个道理。

"今天,仍有一支常设的特种空勤团。没有人清楚它为什么用的是'第22'这个番号,或许是什么人的幸运数字吧。另外还有两支地方部队,南部的第21特种空勤团和北部的第23特种空勤团。空勤团是由诸多中队组成的，每个中队由一名少校领导，我现在的军衔也是少校。

"这是一支经过精挑细选组成的团队。通过层层选拔和严苛的考核，只有很少一部分人能留下来。不仅如此，这也是我所遇到的最具创业精神的一件事，可能比你作为风险投资者所资助的企业还要更胜一筹。为什么这么说呢？就好比你要在竞争中保持优势，就需要不断地寻求新的方法。身为特种空勤团成员，一件令人兴奋的事就是你可以不断地学习新的东西。这确实是一条精英之路，在整本书中，我都会提到'精英'这个词。事实上，我指的是要将我们的潜能不断地向前推进。这是我们每个人都能办到的，也是我为什么喜欢'精英'这个词汇的原因。

"和在其他部队服役一样，在特种空勤团，你必须服从命令。在行动中，别说成功了，就连生存，靠的往往都是你对命令做出快速的、近乎本能的反应。不过，在特种空勤团，情况略有不同。只要有可能，我们的命令都不是狭隘和僵硬的。我们鼓励特种空勤团的军官，无论接受任务与否，都要确保下属对各自的行动负责。所以，一项任务执行情况如何，很大程度上取决于执行者本人。当我们计划一项任务时，每个参与人员都要为这项任务做出自己的贡献。上级是最终的决策者，但所有参与者都有机会提出自己的意见和想法。甚至在战场上，在战斗最激烈的时刻，只要有可能，我们也会和同伴协商解决问题。这些都是我们久经训练的，因此在实战中用起来得心应手。

有些特殊技能在脑子里已经根深蒂固了，就如同我们大脑的一部分，所以我们能够迅速地作出决策。这在书中也会有所提及。

"大多数人可能会觉得，全世界的特战队队员都是一种类型的人。在我们见面之前，你肯定也是拿这种老一套的眼光对我作种种设想吧。当然，想要进入特战队的人，肯定还是有些共通点的：比如说，身体强健，意志坚定；热衷体能上的活动；喜欢挑战；能够独立作战或团队协作。然而，这样的一个组织，如果不能容纳各种不同性格的人，是无法形成强大的战斗力的。在任何一个伟大的团队中，你都需要有各种类型的人。你需要性格外向的，也需要性格内向的；有人喜欢对铁证如山的事实进行分析，而有人则更多地依赖直觉。在特种空勤团，你会发现有各种不同类型的人。

"自从1981年入伍以来，我有幸参与了英国大多数的军事行动，而每一次行动我都记忆犹新。后来我做了指挥官，经验日益丰富，对这些行动又有了新的认识。

"我清楚地记得，第一次行动是在刚刚结束了3个月的训练任务之时，我从收音机里听说有入侵者武装进入了英国邻近盟友的领地，感觉像是战争爆发了。这个盟友国家和我们很早就签署了防御协议，它是我们最忠实的伙伴之一，战略位置也非常重要，不过最关键的一点是，如果允许这种赤裸裸的入侵，允许对一个和平的主权国家的侵犯，整个世界的秩序都将动摇。"

我听了也不禁频频点头。

"当然，在事件发生初期，没人知道我对这场冲突能起到怎样的作用，只有一点是清楚的，那就是我肯定会发挥出应有的作用。我和我们的队伍都知道，分派给我们的将是最艰苦、最危险的任务。不过这就是我们的价值，我们需要接受这样的任务。

"每次作战指令都会让我们感到一阵兴奋。不过这一次，我感觉比很多时候都要强烈。大战在即，所有人都会感到有些焦虑和惶恐。但更重要的是，我们也期待着能将训练中的各种技能付诸实践。那是我第一次在大战中接受任务，我们中大多数人都还未参加过真正的战斗。

"我很幸运能够学会在各种极端恶劣的环境中执行任务，无论是灌木丛、沙漠，还是森林；无论是在欧洲，还是在北极。只不过在沙漠中作战，我尤其兴奋。特种空勤团的起源就是在西部沙漠。在那里，大卫·斯特林在德国非洲军团的身后实施了他英勇大胆的计划，我一直引以为豪。此外，我还听说过20世纪50年代，我们的一些前辈曾在阿曼的大漠中书写过惊心动魄的故事。

"我一次性通过考核，顺利进入了特种空勤团。此前我曾做过4年的伞兵，训练的科目和我想象中一样艰难。毫无疑问，我最终通过了这些科目。这并非因为我已经很完美了，而是因为选取我的人认为我有潜力，他们愿意给我一个机会。我当时感到万分自豪。那年我22岁，算得上是最年轻的一批空勤团队员。我迷信的时候，会觉得22岁恰好和空勤团番号一致，这是个幸运的象征。进入空勤团的每一名士兵都必须从底层的伞兵做起，这对于很多人来说，意味着军衔降低了。因为我当时还年轻，所以在伞兵队里还只是一名一等兵。

"大多数和我一同服役的人，年龄都比我大。不过就原军衔论，我还是处在中上水平的。但是，在空勤团里，军衔不像在其他队伍中那么重要，等级也不是那么严格。重要的是，根据具体情况，每个人都应当有能力成为指挥者或下属。在我应当做下属的场合，如果上级倒下了，那我就会成为实际上的指挥者。在另一些场合，我也可能去执行某项特殊任务。

"到了20世纪80年代末、90年代初的时候，我感觉自己已经非常专业了。说实话，我当时确实有些傲慢自大。在训练中我格外努力，不允许有任何的偷工减料，并且希望其他人也和我做得一样好。我会很快对他人做出判断，也不太听取他人的意见。如果我认为他人执行欠佳的话，也从来都是直言不讳。在后来的职业生涯中，我才逐渐学会了收敛个性的锋芒，更加有效地运用移情手段，体会对方的思想和情绪。现在我知道了，这才是进行有效领导的关键，你必须考虑和你交往的人的性格特点，从而得到最理想的结果。这是我想在书中阐述的另一个观点。"

一切尽在大脑中

大脑创造思维，而我掌控着自己的大脑。可能我一生中最重要的时刻，就是当我意识到，我所做的每件事都始于大脑中的一个想法，而我，则掌控着自己的大脑。请花点时间好好理解这一章，因为这是你将要做的每件事情的基础。正如我将在书中常常提到的那样，要成功，就要有付出。明白你大脑的运转机制就是其中的一项。

看看自己的手臂，你就能知道它是如何工作的。你知道手臂上很多部位的名称——肘部、手腕、肱二头肌、肱三头肌、肌腱、关节，等等。你知道如果你的肱二头肌收缩，你的前臂就会向肘部弯曲；你还知道如果收缩肱三头肌，你的手将握成一个拳头。其中的原因你也是知道的，因为你看得见肌腱在你的前臂和手背运动。这里面的原理可能并不简单，但确实是看得见的。这就是一个可以理解的、机械的过程和因果关系。

当然，事实上也不完全正确。在现实中，你察觉到的顺序是你先向肘部抬起前臂，然后肱二头肌收缩；你将手握成一个拳头，然后感觉肱三头肌也紧张了。似乎因果发生了倒置。

欢迎探索大脑的运转。你想要"把那个物体拿起来"，这个想法触发了你抬起前臂的动作。你认为"那人要攻击我，我得保护自己"，这个想法触发你攥紧拳头的动作。在这两种情况下，你不会想到："我想抬起前臂，所以要收缩肱二头肌。"你也不会想："我想攥紧拳头，所以要收缩肱三头肌。"此时，大脑中的无意识在起着作用。

你的大脑就是一个黑匣子

大多数人都能叫出手臂上不同部位的名称，但很少有人能叫出大脑不同部位的名称。对我们很多人而言，我们的大脑就是一个黑匣子。这个黑匣子会对我们的行为产生很多的影响，但我们却不一定知道其中的原因。我们可能有一些模糊的概念，知道有些人是"右脑型"和"左撇子"，或者与之相反，也知道大脑的不同部位有着各自不同的功能。但是，除非我们真正花点时间来了解一下大脑，否则无法理解这个被大多数人视为最重要的器官是如何工作的（当然，有些十几岁的青少年也许并不认为它是最重要的，这另当别论）。

我们还知道如果想要让我们手臂的肌肉更发达，就要进行锻炼，例如做俯卧撑和举重。几天之后，我们就能发现身体有所变化，肌肉块更大了，也更结实了。我们还能感觉到一些变化，因为锻炼变得越来越轻松了，俯卧撑也可以越做越多，能举起的重量也越来越大了。但是，对大脑进行锻炼，其直接效果是很难看得出来的。

其中一个原因，就是我们看不见大脑是如何工作的。我们看得见手臂的工作，手臂上的肌肉因为锻炼而逐渐变得发达。正如我前面所说的那样，这是一个复杂但还是可以理解的机械过程。而大脑却被封闭在一个黑匣子里面，我们无法观察到它是如何工作的。

另一个原因，就是大脑的构造过于复杂。此外，一直以来，科学家都无法对大脑的运转进行精确的研究，直到现在才有了一些进展。近年来，随着医学技术和传感技术的发展，科学家们才得以更彻底地了解大脑各部分的功能以及它们之间复杂的相互联系。

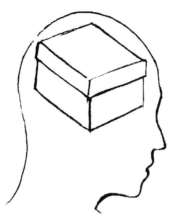

我的头脑中装有一个匣子,
我需要知道里面到底有什么

我的头脑里到底在做些什么

无论是在跳伞队,还是空勤团,我都进行了很多个小时的训练。其中很多的训练课程都是体能训练,或是一些特殊技能的训练,包括武器的使用、徒手格斗等。不过,我也花了很多时间参加领导力方面的培训,学习如何带队伍,如何调动积极性,加强团队协作以取得成功。很多培训课程都是极具价值的,也有一些课程用得较少。但是,我时常会觉得还缺失了些什么,那就是,一直没有理解我们的大脑是如何工作的。我只好先从实践开始,因为当时要理解理论还不太可行。后来,我有了一个学习理论的机会。像我这样学也有好处,那就是你可以明白哪些理论对于实践有帮助。这也是本书的一大支柱,它将理论与领导技能的实际应用结合在了一起。

我们所做的每件事，所采取的每个行动，每种行为方式，都始于我们的大脑。我们的大脑就是指挥中心，是我们身体无法抗拒的指挥中心。这也是为什么在本书的开头，我想先说说我们的大脑的原因。记得曾经我和12岁的女儿聊过，问她今后想做什么。她坚定地告诉我："对于我的未来，我要自己做决定，而不是靠别人。"

"今后长大了，记住你自己说过的话吧，无论你做什么。"我说道，"这是你要告诉自己的最重要的一件事情。"我是直到30多岁，才完全明白自己的决定是由自己来掌控的。

这方面我最喜欢的书是安德鲁·柯伦（Andrew Curran）写的《大脑问题小书》（*The Little Book of Big Stuff about the Brain*）。这本书用易懂和风趣的语言来解析大脑这个高度复杂的器官。像这样的书并不多见，而这本书的作者做到了，说明他是真正了解这个器官的。在书中，安德鲁·柯伦运用了大量有价值的最新研究成果。如果你对此感兴趣，还想作进一步深入研究的话，也不妨去读读这本书。

在本章其余的部分，我将尝试利用最新的研究成果，对大脑的方方面面进行一下总结，这与本书的目的是紧密相关的。

大脑主要由三个部分组成：爬行动物脑（reptilian brain）、脑边缘系统（limbic brain）或叫作古哺乳动物脑（paleomammalian brain），这两个部分都负责你的潜意识活动，以及新哺乳动物脑（neomammalian brain），负责你的有意识活动。

爬行动物脑

爬行动物脑是一种十分基础的构成。它不会去想你的孩子，也不会在意你的朋友和伙伴。它甚至没有孩子、朋友和家人这些概念。它位于你脊柱的顶端，负责身体的自我保护。它负责确保你的心脏在跳动，肺在呼吸，以及引导一些基本的感官，如视觉和嗅觉。同时，它还会引起一些简单的利己性的反应。对墨西哥绿蜥蜴的研究表明，爬行动物脑能控制27种不同的行为，其中包括：是否从阴凉处爬到太阳底下，是否给大蜥蜴让路，是否去抓住那只蚂蚁，等等。所有这些对一只蜥蜴的生存都至关重要。它确实很重要，但正如我所说，它又是一个最基本的部分。

古哺乳动物脑

15000万年前，随着哺乳动物由爬行动物进化而来，我们的古哺乳动物脑也开始有了发展。这部分是一个更加复杂的脑结构。它使动物社会群居的能力和抚养后代的能力得到了大大的提高。有了古哺乳动物脑，动物可以进行更加复杂的活动，而不是仅仅局限于自我的生存。有些行为，如哺育、关心他人、以社会方式与同种群类的其他成员交往，都是以情感作为基础的。因此这也是大脑的一部分，也称作脑边缘系统，这是你具备各种情感的基础。

新哺乳动物脑

大约在400万年前，才进化出新哺乳动物脑。这部分脑结构的出现，大大地提高了各种行为活动的数量和复杂程度，同时让我们具有自我意识和分析能力。这部分大脑也称为脑皮层（cortex）。

纵观大脑的各种机制，可以估计，人类的爬行动物脑有1500万到2000万脑细胞；古哺乳动物脑有大约1亿个脑细胞。而整个人的大脑中，脑细胞的数量却大得惊人，有1500亿个。由此可以看出，新哺乳动物脑中的脑细胞数量是前面两者总和的1500倍。大脑中的脑细胞是让你能够进行成千上万复杂行为的重要结构之一。包裹在你最大的、最晚进化出来的理性人类大脑之中的，是更加原始的、负责情感的早期哺乳动物大脑，以及更深层的、基本的利己性爬行动物脑。当然，了解这种分层的结构以及各层之间信息的传递，对于了解大脑是如何工作的，以及该如何训练大脑都有重要的意义。在某个时刻，你的大脑是哪部分在运转，你意识得到吗？你是否将注意力集中在当前正在发生的事情上面？或者你还沉湎于过去的某种行为方式和反应而没有进行思考？

把你大脑的线接上

当你刚出生的时候，你的大部分脑细胞都是空白的，而且这些脑细胞之间也并没有真正联系在一起。渐渐地，它们学会了相互交流，开始建立了联系并相互关联。事实上，它们都是联系在一起的。在脑细胞的细胞壁上，会朝其他脑细胞长出一个极细小的突起，其他脑细胞也会长出同样的突起，从而形成彼此间的联系。这个突起叫作突触。突触就是两个脑细胞之间联系的方式。在突触上，有一条在显微镜下才能观察到的位于两个脑细胞之间的细小缝隙，这条缝隙利于化学物质的传递。

大脑模板

脑细胞相互联系的各种模式，通常被称为模板。模板一旦形成，产生了特定的想法或行为，这个模板便能够再次使用，产生相同的想法或行为。这些想法和行为是通过记忆再次产生的，诱因可能是某种气味（对唤起记忆有显著的作用）、某句话，或者仅仅是某个动作。

从最广泛的意义上讲，模板形成的另一种说法就是学习。有趣的是，模板的形成（即学习）是受情感性的古哺乳动物脑（脑边缘系统）所控制的。从化学角度来说，之所以受古哺乳动物脑的控制，是由于突触的形成是受多巴胺这种化学物质控制的，而多巴胺则是由古哺乳动物脑（脑边缘系统）所产生的。所以，从本质上讲，模板是依靠情绪形成的，形成模板的情绪越强，记忆就越深刻；记忆越深刻，就越不容易遗忘。显然，这对我们的训练、教学和交流都有着重要的启示。

训练你的大脑

要进行高效的训练和学习，关键是要知道如何让多巴胺得到有效的释放。紧张也会释放出多巴胺，但释放量较大往往会充斥所有的神经细胞，而不会形成最佳模板所必要的突触。这也解释了为什么你在压力之下所形成的记忆会非常深刻。比如说,你过去所经历的某种糟糕或可怕的情景,会因为一个单词或者某种味道而被触发。长时间的压力会损伤大脑及其学习能力,这也可以对创伤后应激障碍的发病作出一定的解释。

大脑中主要负责记忆形成的区域是海马体和纹状体(corpus striatum)。海马体处理各种有意识的记忆,纹状体主要负责无意识的记忆。二者各一对,同你的拇指一般大小,分布于大脑的左右两侧。纹状体为爬行脑的一部分,而海马体则属于更高级的大脑边缘系统。

什么?杏仁核!

在你大脑的左右两侧,海马体和纹状体的前方,还有一个更小的脑部结构,叫作杏仁核(amygdala),这是控制你情绪的最基本的结构。对于低等生物而言,杏仁核主要与"是打还是跑"以及性唤起等行为有关。在你的大脑中,杏仁核对记忆的形成也有着重要的影响。下面你会看到杏仁核是如何工作的。

两颗杏仁核位于你的爬行动物脑部位的正前方,靠近脊柱的顶端,内含应激激素——去甲肾上腺素(noradrenaline)的受体。同时,杏仁核也会受到迷走神经的直接刺激,这些迷走神经将大脑和你的内脏(心脏、肺、肾脏、肠等)联系在一起。这就能够解释为什么当你感到紧张或恐惧的时候,胸口会有一种压抑不安的感觉。在感受到压力的时候,内脏器官会向血液中释放肾上腺素,使迷走神经处于兴奋状态,同时刺激杏仁核。

于是，这两颗杏仁核便向纹状体和海马体释放大量多巴胺，形成强大的模板。在这种巨大压力下形成的记忆往往是最为强大的，但也可能因为过于强烈而失去意义。

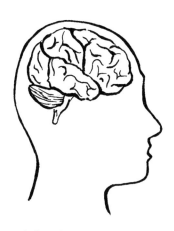

——————我掌控着自己大脑中的一切——————

有意识与无意识的记忆

处于压力下形成的记忆有一个有趣的特点，即记忆往往贮留在负责无意识记忆的纹状体内，而不是在负责有意识记忆的海马体内。所以，没有真正的自我意识，要有意识地去唤起这些记忆是很困难的。

相比之下，多巴胺以更可控的方式，通过奖赏性刺激或通过对奖赏性刺激的预知，方能得以释放。控制多巴胺的释放，关系到如何在大脑中形成最佳的模板，换句话说，就是关系到我们如何能最有效地学习。

"新把戏"

我曾经给一些警察局的枪械教练做过一个讲座。几周后，我遇见了其中一位年长的教练，记得他在课堂上时总是双手抱胸，面无表情。不过，那天他却主动迎上来同我握手，脸上挂着笑，这倒让我有些惊讶。他拍着我的肩膀对我说："谢谢你，弗洛伊德。你讲的课颠覆了我的认知。"

我颇有些不解，不过还是继续听他说。他见我一脸错愕的样子，又立刻变得严肃起来。

"你看，我在训练中都是推进强硬路线——我是非常苛刻的。来我这儿训练的人，没有哪个是没有压力的。就在你做讲座的几天之后，我儿子，他才11岁，对我说他要参加一场高尔夫球比赛。他从来都没参加过任何俱乐部的学习，我觉得这样去打比赛完全是烧钱，又浪费时间。要参加比赛还得先去俱乐部学习，那花费确实很大啊！更糟的是，他可能表现得并不好，会很受打击，以后就再不会参加比赛了。我当时很想吼他两句，告诉他'没门儿'，让他别犯傻了，断了这个念头。但话都到了嘴边，我又咽了回去。"

说到这，他停住，深深地叹了一口气。

"于是我想到了你对我们说的培养感情的重要性。你说运用得当的话，会有巨大的作用。我看了看罗布，哦，就是我儿子，知道他很想去参加那场比赛，非常非常想。我还知道，他料想可能会遭到我的拒绝。说实话，当时我心里很难受，随即便说了'可以'。那一刻真让人感动，我看见儿子的脸上掠过一阵欣喜，我也一下子觉得，这样说是值得的。我们为他参加俱乐部花了不少钱，他那几个礼拜也确实学得很认真。在打高尔夫球方面他好像还真有点天赋，但我觉得，是那一刻的情感在激励着他。他的学习很有效率，为赢得比赛而努力着，因为他太想赢得比赛了，也希望能以此表达对我的感谢，因为我允许他参加了比赛。我想，我说'可以'的那一刻，可能是他少年时期足以铭记终身的一刻。如果我当时断了他的这个念头，断然拒绝了他，他肯定会受到很大影响，不过，那种影响却是负面的。

"这件事情的影响还远不止如此。我从这件事情上见到效果之后，彻底地改变了枪械训练的方法。我放弃了原来的强硬路线，在训练中加入了更加细腻的情感。我开始鼓励他们，而不是像原来那样，一旦没有做好，就把他们骂得体无完肤。那些受训的学员可能会以为我是不是经历了什么中年危机而变得温柔了呢？我才不在乎呢，我相信这样做已经有效果了。我的标准并没有降低，但人们能更有效地进行学习，从而达到我的标准。

"在听你的讲座之前，我曾经说过，要我改变这么多年形成的做事方法，绝对不可能。俗话说得好：'老狗学不了新把戏。'我就是那条老狗。不过今天看来，我又错了。大脑真是太不可思议了。只要你运用得当，不管多大年纪，不管有多少难改的坏习惯，你都可以学到新的东西。"

谢谢你信任我，爸爸

活到老，学到老

无论你年纪多大，无论你觉得自己多么优秀，保持不断学习的动力是你取得卓绝表现的必要条件。停滞不前，你永远与精英无缘。你应当乐于接受新的思想观念和新的潮流，并且愿意做出改变。如果你能够做到，那么你的大脑也能。一个体系，无论多么完善，终有一天也会陈旧过时的，所以需要不断地升级更新。你大脑中贮存的文件信息也是同样的道理。

当然，有一些功能，尤其是机体的一些功能，是存在于你潜意识的记忆之中的。当你面临压力的时候，如果你想不假思索就能反复做出某种行为的话，那么特定形式的重复训练以及在一定压力下的训练，是很有必要的。这就是为什么乔尼·威尔金森（Jonny Wilkinson）在备战2003年橄榄球世界杯赛的时候，其教练克莱夫·伍德沃德（Clive Woodward）会用消防水龙向他喷水。真正好的训练，可以让你在事情发生前就有所预知，可以让你不假思索而自动地作出反应。好的训练遵循一个简单的模式：学习技能，将技能置于压力之下，进行检验。通过训练，当你迈入实战阶段的时候，大脑精妙的运转会将压力和紧张降到最低。最近，我观看了一支国际团队在一场大赛中的比赛，打得很糟。事后，我和他们的领导及队员谈起这场比赛，发现他们在训练过程中只发挥了80%~90%的潜能，并没有把自身放在真实的压力之下。最后的结果就是最好的证明。如果你想要发挥出最高的水平，那你的训练也必须同你所期待的水平相当。那句老话"训练费力，战斗容易"确实有它的道理。

一段时间之后，你那充满潜意识的大脑会产生一些有害的消极文件。这些文件通常是一些惧怕文件：惧怕失败，惧怕冲突，惧怕无能，惧怕被拒，等等。后面我会讲到如何减小消极文件及其他限制行为的影响。

希望这一章能够帮助你更加了解你的大脑是如何工作的，同时也给你一些实用的建议，让你的（也包括他人的）大脑能更有效率地运转。但是，事情并不会这么简单。毕竟，大脑和福特的蒙迪欧还是不一样的。每个人都是唯一的，与众不同的。这些差异在大脑形成模板和记忆之前就已经存在。因此，下一章将解释不同大脑之间的典型差异——不同的人格类型。

本章精要回顾

　　记住：是你控制你的大脑，而不是大脑控制你。与身体的其他部位一样，你需要知道大脑是如何工作的，从而更有效地利用大脑。如果你知道你在大脑中是如何建立模板的，了解对大脑文件进行索引的各种情感，你就有能力对那些文件进行更换、更新以及删除。想要有效地使用一个文件系统，输入数据，提取想要的东西，尤其是那些有用的、正面的思想，你就需要知道这个文件系统是如何组织的。

　　要拥有卓绝的表现，其中关键的一点就是要了解你的情绪，知道如何在压力之下控制和调整自己的情绪。一旦掌控了所有行为的指挥中心，就意味着你学会了识别怀疑与恐惧，也意味着你有办法去调整技术技能、战术意识、意志力以及体能。通常我们都知道要让自己更有信心，更强大，能力更强，但是，究竟要如何才能做到呢？如果你知道了如何将注意力集中起来，就有机会取得卓绝的表现。

　　一旦意识到我能掌控自己的大脑，我就开始清理大脑中的各类文件，弄清哪些是对我有帮助的，哪些是需要更新或者删除的。这些文件尽管时常没有显露出来，但我知道它们确实是存在的。如果我想改变自己的行为，就得建立更多的新文件去替换旧的文件，从而促使自己做出更好的表现。

第二章　人格类型

别人的每一件令我们生气的事情，都促使我们对自己有更深刻的了解。

——卡尔·荣格
（Carl Jung）

深入敌后·2

"先前说到哪儿了？"弗洛伊德煞有介事地问，"啊，是的。诚如我在前文所言，我要给你讲个故事，里面有亲眼所见的，也有亲身经历过的事情，是关于两个团队间相互关系的故事。我不仅在服役时遇到过这些事情，在我从事商业活动和参与体育项目时也遇到过。反正都是我的故事，我就从早些年还在空勤团里说起吧。

"那是一个冬天，1月，我们前往英国皇家空军基地，准备飞往另一个遭受战争破坏的地区。我们等了很长时间才投入战斗，这让我感到有些沮丧。与国内的民众一样，我们时刻关注着媒体对战事的报道——哪里又出现了暴行，燃烧的油井向天空喷出浓浓的黑烟，盟军轰炸机对目标实施了打击，对方向周边盟国发射炮弹以示反击。不过对于我们来说，光是这样确实令人感到很失落。我们都急切地想参与战斗，而不是仅仅当一名旁观者。

"但是，参战就得离开自己的家人，这是件令人痛苦的事。

当时，我已经结婚5年，有了两个孩子——一个4岁的儿子和一个2岁的女儿。我的妻子苏是个镇定乐观的人，她很理解我的工作。尽管如此，当我们离别的时候，还是让人感到难受。在外面的日子里，我很容易就能想象出她每天的生活——她当时从事教学工作。但是我知道，让她来想象我的生活，却要困难得多。说实话，我都不知道自己什么时候会去哪里，在何时何地会遇到危险。尽管苏直觉敏锐，但她还是更相信事实——当然这些事实却是她无法掌握的。我也知道，有什么事她总是藏在心里，有什么担忧也不太愿意和朋友、家人说起。如果当时知道现在这些知识，我肯定会把她归为'内向+直觉+思维+判断'的类型。我还知道，我回来以后，就要让生活恢复平衡，得多抽出一些时间来陪伴家人。

"那时我在部队已经待了很多年了。我和其他大多数战友都合作亲密，彼此也非常了解，当然，也有些战友是新近选拔才刚进入我们队伍的。作为一个群体，我们中的大多数人都外向开朗，彼此传递着正能量。不过，还是有三四个人属于那种安静型的，只专注于自己的世界，甚至在去空军基地的途中都一直保持沉默。现在我知道了，在那种情况下，最好不要闯入他们的私人空间。那是他们自己的时间，他们在用自己的方式为即将到来的情况做着准备。其他大多数人则是聊天说笑，显得非常兴奋，但也不时会有一丝不安划过一张张笑脸。我打算放松一下，在飞机上睡一觉。这可是英国皇家空军的运输机，是相当舒适的。我想让自己到达时还保持那股生龙活虎的劲儿。

你永远也不知道,前方等待着我们的将是什么。我们也不知道要去的目的地是哪儿。不公布不必要的信息,这是我们行动的惯例。对于没有必要知道这些信息的人而言,这是件好事,否则可能会带来伤害。这是你永远都不知道的。对此我倒是很放松。我已经做好了应对一切的准备。我大致还是知道我们要去哪儿,会做些什么的。但我知道,还是有那么两三个队员,从内心深处很想知道更多的细节。这是他们的性格使然。所以,他们还得适应我们做事的方式。

"我们大约飞行了有8个小时。由于时差的原因,我们飞行了一整夜,早晨8点降落了,这似乎来得太快了点。我睡的时间没有预想中那么长。走出机舱,空气是那么清新,让人为之一振。我顿时又有了生气。沙漠经历了一夜的寒冷,又开始接受温暖的阳光了。我们挤进了几辆覆盖起来的卡车,仍然不知道具体目的地,但车是朝着太阳的方向驶去的,所以我知道现在是在向东行进。

"在卡车里差不多又待了8个小时,影子已经拉长了,我们终于到达了营地——位于该国东隅的空军基地,距敌对方的边境约有10英里。我们的住宿在多数情况下算不上最奢侈的。这次是一个机库,里面已经塞进了各种各样的设备,不过我早已见识过比这更糟的住宿条件。

"在这儿等了两天,营地也变成了一个令人沮丧的地方。大多数时间都还是在训练,至少,我们的训练有了地域的突破。在部队中,你得不断地训练,保持最佳状态,不断磨砺和提高基本技能。其中最关键的,就是要不断追求更好,不断学会新的东西。在到达战场之前,我们会对可能遇到的情况做充分的准备和学习。我们中有些人在这种环境中待过。大家都知道,这里不可能全部都是沙丘地带。这一带的地形可能非常复杂:有大片的岩石或沙砾;时而十分平坦,时而又被深沟阻断。可以设想,这是一片荒芜贫瘠的土地,时而点缀着一些低矮的灌木。每年的这个时候都会比较干旱,但也不完全如此,干河床上也时而会有水流过。

当地的居民都在抢收小麦或大麦,也在这片土地上放羊。这些沙漠中的居民并不真正属于哪个国家,最基本的归属来自各个不同的家庭和部落。对他们而言,国家并不是一个自然概念。每一年的这个时候,这里都会出现极端气温:当太阳升起来之后,中午会极其炎热;而到了晚上,又会非常寒冷,气温甚至会降到0℃以下。

"新到一个地方,无论你准备有多么充分,都不如真正踏上那片土地来得真实。在待命行动的时候,我们也借机熟悉了周边的环境,检查了装备,并确定了一旦命令下达,就深入敌后的具体方案。因为我们相信,接受任务是迟早的事情。

"真正的新闻其实很少。我们都听收音机,但我知道战时军方都操控着媒体和信息的流入,所以我们听到的只是整个事件很少的一部分。我们会听到战机不时地从头顶呼啸而过,尤其在夜里,朝东北方敌对方所在的城市扑过去。我现在还记得,夜晚出动的飞机与日俱增。当时我就猜想,轰炸可能越来越猛烈了。

"终于呼叫我们了,要求我们接受作战指令。我们赶到位于另一个机库的作战指挥部,通信、规划和情报等各部门的人都在。整个机库像蜂房一样嗡嗡作响,所有人都安静凝神地等着。我们的指挥部没有窗户,炎热又不透风,也没有多少家具,只有几张桌子在屋子中央围成个方形。大家有的背靠着墙坐在地上,有的坐在桌沿上,还有两三个人来回地踱着步子。我则装模作样地看着一幅钉在墙上的大地图。

"然后一名空勤团上尉走了进来,他是负责作战指令的情报官员,所有人的注意力都集中在了他身上。

"'行动的时候到了,你们也该高兴了吧。'他说道,'从地图上你们可以看到,从东到西有两条主要补给线。你们的一项任务就是破坏对方在这些地区的活动,包括切断沿途管道中的电话电缆。我们的空中力量已经破坏了他们许多的通信设施,但依靠无线网络,他们的陆上通信线依然能发挥作用,就是靠着这些通信线路,他们用导弹在北方搞了些大麻烦。你们可能在媒体中没有听到,就在昨晚,他们轰炸了一个主要的平民区。事态很严重,死了很多人。停在地面的飞机是你们的第一目标。我们相信,对手是在试图实施报复。如果他们得逞,我们联合部队的根基将受到动摇。如果我们能帮他们清除他们中间的流氓政权,那是一种情况;但如果他们发现自己人在和对手并肩作战,那局面可能就完全不同了。所以,你们的第二项任务就是,探明飞机或导弹的位置,把信息传回指挥中心。'

"他顿了顿,深吸一口气,将屋子环视了一周。其实没有必要看我们是否在认真地听。

"'你们行动的区域是这儿,还有这儿。'他指出了两片区域,在我们营地北边大约几百千米远的地方,'这次行动会持续几周时间,你们要做好准备。任务下达完毕,你们拟订作战计划吧。'"

先天还是后天

在第一章中,我们得出的一个结论就是,你的大脑是如何得到训练的,或者说你如何训练大脑,对你将会成为一个怎样的人有着巨大的影响。你如何看待自己,你如何看待别人对你的看法——你的身份很重要。有个古老的哲学辩论,讨论的就是究竟后天比先天重要,还是先天比后天重要。虽然本书并不打算讨论这个问题,但我还是认为,后天因素,包括你对自己的影响和他人对你的影响,对决定你能成为一个怎样的人是非常重要的。对此你应该不会反对。如果你认为先天决定了你的一切,那你买这本书可能是一个错误。如果你真的相信一切都是与生俱来的,那你很可能持有宿命论的观点,那你一定缺乏把事情做得更好的动力。如果你读完第一章,仍然坚信先天决定了你的一切,那你买这本书就是一个彻彻底底的错误。精英是后天成就的,不是轻轻松松就可以做到的。

当你还在娘胎里的时候,或者刚来到这个世上的时候,一些因素对今天的你确实产生了影响,这些就让我们坦然接受吧。一张空白的纸它就是一张纸，但这张纸的基本属性却又各不相同，有的粗糙，有的光滑，有的呈淡黄色，有的又是蓝色。我们还应当接受的就是，你如何训练你的大脑和身体，也就是说，你在这张空白的纸上如何书写，对你此后的发展有着更为重要的影响。

每个人都是与众不同的

你如果想在先天与后天之间划一条界线，就首先得承认，你和我是不同的，我和你也不同，而我们和其他人也都各不相同。或许你还得承认，有些人和你差异很大，而有些人则和你很相像。还有，与你非常类似的人，面对类似的行为和情形，也会有和你相似的反应。你可能会被与你有共同点的人所吸引，也可能会喜欢一些与你性格迥异的人。这就是人们说的"异性相吸"。你可以对自己的人格特点做一个详细的分析，从而明白在给定的环境条件下，你会有一些怎样的行为；如果你洞察力足够敏锐的话，你还可以推测他人在这样的环境下，会做出怎样的行为。仔细想想，能帮助理解自己的所作所为，能理解你周围那些男男女女看似怪异的举止，能增强你的能力、平衡你的弱点，能运用技能和性格迥异的人进行更加有效的交流，拥有这样一把利器不是件很好的事情吗？

人格画像

在团队建设的练习中，你可能接受过人格画像（personality profiling）的测试。根据你受试的心理状态以及测试进行的好坏，更重要的是对测试结果的解释，你可能会觉得这就是些夸夸其谈的假话，也可能觉得这样的测试清除了你眼前的障蔽，让你得以用新的眼光来看待你自己、你的朋友和同事。

对此类测试所作出的不同反应，与你的人格画像，与你自己是一个怎样的人有关。不过，你们当中肯定也会出现一些怀疑论者。因为在我看来，人格画像对于理解和引导自我，对于理解和领导你的团队，其价值是不言而喻的。如果你读了本书的前言部分（我希望你是读过的，而不是直接跳入第一章），你就知道，本书的合著者一开始对人格画像也是持怀疑态度的。后来我说服了他，就像现在我试图说服你们一样。

人格画像测试的种类很多。测试的技术手段也在逐年调整和完善。一些测试可能更适合于某些特定的目的，例如招聘，或者评估一个团队中个人可能的表现。在本章中，我只讲一种类型的测试——荣格的人格测试。

荣格、弗洛伊德和迈尔斯-布里格斯

该测试始于瑞士心理学家卡尔·荣格，他是西格蒙德·弗洛伊德（Sigmund Freud）的学生。荣格于1920年发表了他的著作《心理类型学》（*Psychological Types*），该书宣告了他与老师弗洛伊德的决裂。弗洛伊德认为，人都是由一种最基本的本能所驱使的，那就是性。如果弗洛伊德了解我在第一章所讲的内容，他一定会重新构建他的学说，认为杏仁核对我们有绝对的控制。当然，弗洛伊德那时还没有这样的科学知识，他只能根据自己尚不完善的观察和假定来作出结论。他的理论可能和他自己执迷于性的人格有关，自己可能常常受到性的驱动。荣格当时也没有我们现在的科学知识，不过他凭借自己的洞察力，相信人们在本质上是有差别的。他相信，我们都有着不同的本能，或叫"原型"（archetypes），这是我们内在的驱动力。他坚信，这些本能也是同样重要的。荣格学说中最重要的，就是"外向型性格"（extroversion）与"内向型性格"（introversion）的划分，并与4种基本的心理功能相匹配，这四种功能是：思维、情感、感觉和直觉。

在当时，荣格的理论不能算作是成功的学说。和弗洛伊德的性驱动学说相比，他的学说更加复杂，也没有引起什么轰动。所以，弗洛伊德的学说成为了解释人类本性的主流观点。伊万·巴甫洛夫（Ivan Pavlov）通过对狗进行实验而创立的条件反射学说，也成了影响人类后天发展的标准解释。

第二次世界大战结束后，伊莎贝尔·迈尔斯（Isabel Myers）和她的母亲凯瑟琳·布里格斯（Katharine Briggs）又重拾尘封已久的荣格心理类型学说，并设计了一份调查表，以期能确认各种不同类型的人格。她们将这份调查称为"迈尔斯-布里格斯类型指标"（MBTI）。其同名著作于1962年发表，当时引起了日本人极大的兴趣。或许正是由于这种兴趣，以及对书中一些知识的运用，使得日本在此后的20年里，在管理技能和经济实力方面都有了迅速的提高。迈尔斯-布里格斯的学说也逐渐成为了主流学说。到了20世纪90年代，全世界每年有超过100万人使用MBTI的官方调查表。

人格类型调查表使用

如果你以前没有做过MBTI这样的测试,你不妨把手头这本书搁一搁,在网络上花点时间去做个测试,一般只需要10～15分钟。

在你放下书去做测试之前,我想再说两句。人格画像的目的是帮助确定你的性格和偏好。没有哪种调查是百分之百的准确。而且,对于一些问题的回答,随着每天心情的变化是有所不同的。没有哪种调查的结果能替代对一个人持续一段时间的观察以及情商的运用。调查只是一个工具,是取得一个结果的工具。其本身并不是目的或者结果。我们还必须承认,不是哪种类型优于其他类型;也不是说外向型就优于内向型,或者反过来。重要的不是你的某种倾向,而是你如何利用这些倾向让你的潜力发挥到最大。为了让调查有价值,你在回答问题时必须牢记这一点,而不是只挑一些你认为好的说。调查没有好坏之分,也没有正误之分。再说一句,在我第一次完成这份调查表之前,我对这样的测试也是持怀疑态度的。现在我的认识也转变了。利用这样的测试分析,对你进行谈判和其他工作都是很有帮助的。

$4 \times 4 = 16$

又回到书上来吧!

你以前不知道没有关系,现在你得知道,荣格的心理类型测试会在4种不同的倾向中产生一个分值。这4种倾向是:外向(E)/内向(I，荣格的术语)、感觉(S)/直觉(N)、思维(T)/情感(F，荣格的基本心理类型)，以及判断(J)/知觉(P，判断和知觉由迈尔斯和布里格斯增加)，它们可以形成16种不同类型的组合。

ESTP　ESTJ
ISTP　ISTJ
ESFP　ESFJ
ISFP　ISFJ
ENFJ　ENTJ
INFJ　INTJ
ENFP　ENTP
INFP　INTP

不好意思，尽管我是ENFP型，但我知道"直觉"(Intuitive)不是以字母"N"开头的。不过这不是我的理论。还是和我回到书上来吧，把"直觉"的第一个字母省去就好，把它想成是"Ntuitive"。

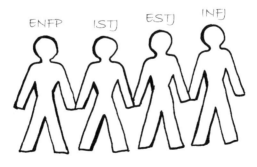

没有哪两个人像剪纸那样一模一样

翻译中的缺失

事实上,我一直觉得,人格画像的缺点,就是这些用来描述不同类型的术语,这些词并没有清楚地表达其中的意思。可能荣格的《心理类型学》是用德语写的,术语译成英语后就产生了一些瑕疵。所以,我打算花点笔墨来解释一下每一对术语究竟是什么意思。在解释之前,我还是想把刚才的话重复一遍:调查表只是一个指南,不会比你更了解你自己。如果你在某种类型上得分很高,但是深信你更像另一种类型,那就相信你自己。但是,不要因为你预想自己属于或者不属于哪种类型,就认为你在某种类型上应该得高分或低分。

比例

从你自己测试的评分中可以知道,每项性格是按程度或比例呈现出来的。恰好在比例尺的一端,或者在中间的某处,都是有可能的。在理解测试结果时,应充分考虑这一因素。根据你在比例尺上所处的位置,你可能对某种行为会有很强的倾向,也可能你的每种倾向都大致相当。尽管你属于这16种类型中的某一种,你还是得记住,你依然是独一无二的。你只是和同种类型的人有相似之处。

设想所有的特质都能在你身上有一个完美的平衡,那真是太有诱惑力了。那样的话,要进行仔细分析的时候,你得发挥自身的"感觉"元素;如果要求更多的直觉,那你的"直觉"特质将发挥作用。当要求头脑冷静的时候,你又可以成为"思维型"；而当需要一些更加柔和的方式时，你又可以变成"情感型"。当我第一次做这种测试的时候，总认为自己将这些元素都均衡地结合在了一起。现在我才知道，那是一种很幼稚的想法。在特定的领域，我做事也存在倾向性，尽管这种倾向很微小。你属于某种类型的人格，不管是 ENFP 还是 ISTJ，并不能成为你具有某种特定行为的借口。测试的目的，是为了发现哪些地方是你的强项，哪些地方是你的盲点或过滤器。

术语解释

"外向"与"内向"关乎你的力量来源，即你是从哪儿获得力量。外向性格的人从与人交往和各种活动中获得力量；内向性格的人则专注内心世界的各种想法和体验，并从中获得力量。

"感觉"与"直觉"这两个词的表述不是太清晰，二者的解释有类似之处。不过迈尔斯和布里格斯所说的"感觉"，是善于观察周围的事物，能意识到一幅画面的细节之处。而人们所说的"直觉"，则是富于想象，专注宏观画面、总体概要或是理论意义。

"思维"与"情感"的表述是清晰的。人们所说的"思维"，是指意志坚定，追求客观，对他人不带主观色彩。"情感"则暗示着态度较为温和，对他人容易产生同情和主观感受。

"判断"与"知觉"又有一点不清晰。"判断"指的是做事有计划并恪守计划；"知觉"指的是做事随意，更愿意随大流。

理解各组术语所传递的信息，也是非常重要的。

16种人格组合类型

限于篇幅，本书无法一一探索这16种人格组合类型。《迈尔斯－布里格斯类型指标》(The Myers-Briggs Type Indicator) 1962年的原版现在早已绝版，但如果你对这个问题还想作进一步的研究，还可以阅读伊莎贝尔·布里格斯－迈尔斯和她儿子皮特·迈尔斯（Peter Myers）合著的《天赋差异：理解人格类型》(Gifts Differing-Understanding Personality Types)。你也可以读读戴维·柯塞（David Keirsey）的《请理解我》(Please Understad)。有人认为这是当代在这个问题上最经典的著作。柯塞对不同字母组合进行了命名，如SP类型为艺术家型（Artisan）；SJ型为守卫者型（Guardian）；NF为理想主义型（Idealist）；NT则为理智型（Rational）。根据柯塞的观点，我的ENFP型是一种"冠军型"（Champion），而本书合著者西蒙的ISTJ型则是一种"审察型"（Inspector）。我个人认为，柯塞的著作对艺术家型持有强烈的个人偏好，这可能会影响整个测试过程的公正性。一个人一旦作出"一种类型优于另一种类型"这样的价值判断，那他就会产生偏见，因为人们总想把自己归入"好的"那一种类型。

如果读者朋友还想要进一步阅读，我个人还推崇李（Lee）与诺尔马·巴尔（Norma Barr）合著的《领导力及发展》(Leadership and Development)。

测测你的朋友

我倒希望你能早一点做这样一个测试，从而有助于理解自己的人格构成。除了证实你本能地感觉到的人格特征以外，我也不大相信测试还能发现些别的什么特征。不过偶尔也会证实你朋友以前就对你说起的某个特点，这只会让你给个苦笑。

当然，当你开始和一个人交往时，不可能让每个人都先来做一个人格类型测试。不过，我还是比较看重某些问题的，因为这些问题对于弄清一个人的性格倾向还是有所帮助。你问一个人是否愿意独自长时间待在一间安静的屋子里，外向型的人听了往往会不寒而栗。他会说："不，那简直就是监狱。"内向型人的则会若无其事地耸耸肩说道："愿意啊，我可以待很长时间呢。我喜欢一个人待着。"拿出一张图像杂乱的照片，问受试者看到些什么。感觉型人会说出上面的一些细节；直觉型人则会尝试解释图像背后的概念，并且挖掘其中的意义。问受试者完成一项任务之后想得到怎样的奖励，思维型的人倾向于要一些实实在在的奖励，比方说晋升、加薪，等等；而对于情感型，一句"感谢你"或者在他背上拍一拍，他就会觉得很满足了。告诉受试者交一份报告的截止日期，问受试者会提前交还是在截止日期到来时才交，判断型会说会提前交，而知觉型则会等截止日期到了才交。

闸门关闭

上述一切都很重要，因为如果你以错误的方式向某种特定类型的人传递了信息，由于大脑中的过滤器起作用，他们大脑的闸门就会关上，信息就无法传递。想想第一章讲到的大脑。你一旦在大脑中建立了文件，它们就可能在大脑深处埋得很深，然后又在你毫无防备的情况下冒出来。所以，当你需要完成一件事情的时候，对于判断型，给他划定一个期限是没有问题的，但对于相反的知觉型，可能得另想办法。对你的措辞和语言的使用，也得小心一些。感觉型最喜欢清晰、准确、又符合事实的表达方式；直觉型的人则更喜欢一些概念性的讲述。

肢体语言

当与人交流时，一个人的肢体语言是他重要的反馈回路。如果对方感兴趣了，就会与你有眼神交流，会不时点头，或许还会用手托住下巴呈思索状。如果他们没有听进去，要么叉着双手，要么翘着腿，目光也避着你。那么，你就得提醒自己，注意他们的人格类型，并调整交流的方式。

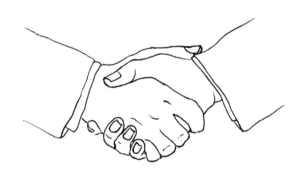

控制好你的肢体语言

关于肢体语言，还有一个重要的词语叫作"映照"（mirroring）。映照对方的行为，比如说坐在相似的位置上，使用相似的谈吐方式，这是协调与他们之间关系的有力武器。观察一下，看看对方是否在映照你的肢体语言，这可以看出对方与你交往是否和谐。当然，映照一些负面的肢体语言，可能会适得其反，会导致你们之间的交流障碍越来越深。第四章讲述有关谈判与交流的内容时，我们还会提到肢体语言。

人质

12月的一天，凌晨4点。电话铃响了。是布利坦公司的执行总裁打来的。我离开特种空勤团后，在这家证券公司担任总监。

"弗洛伊德，真不好意思，打扰你的美梦了。你知道吗？海外发生了绑架案。被绑架者是Acme公司的一名女性员工，24岁，当时她只带了一个翻译在旅行。现在翻译也不见踪迹了。在郊外发现了他们乘坐的汽车。我们就知道这些。恐怕汽车的后排座椅上还有血迹。绑匪还没有提赎金的要求，但Acme公司需要有人去做好这方面的准备，接下来可能要进行谈判。这事儿你行吗？"

我现在彻底清醒了。这一件件事情的始末在我大脑中翻滚起来。"没问题。我什么时候去？他们在哪儿？"

"公司总部在伦敦。他们的人8点在总部集合。"

一个团队所有人格类型构成完美组合，这种情况还比较少见。就像我所阐释的那样，我们理解了自己的人格，就可以在必要的时候改变一下做事的方式。但是，作为这种特殊场合下的领导者，我必须加快并且加强我们之间的交流，因此，尽快了解将与我共事的人是至关重要的。

"你能把团队中每个人的档案发给我吗？以及你觉得可以促进我们之间的相互关系的其他任何信息，包括家庭、爱好、成就等等。还有这家公司的背景。另外，我还需要那名女员工的相关信息，以及她的家人和那名翻译的信息。"

我开了3个小时的车，期间又把整个局势细细地考虑了一遍。

是时候拟订计划并对整个过程做一个设想了。也是时候想想意外情况的处理计划了。我经常听人们谈论各种"设想",但却没有一个清晰的解释,对于你实际看到的和你想象中的情景,大脑文件系统并没有进行区分。我做了两方面的设想,首先设想我是将要涉入其中的这件事情的观察者。那天早上,我想象着与三四个人的会面以及我们初次见面的情景。其次,设想整个事件仿佛是我亲眼看到一样。在做第二方面设想时,关键的一点是我在情感上与设想的情景维系在了一起。我想象着事件中的人会有怎样的感受,我会有怎样的感受,被绑架的人会有怎样的感受。这些构成了我想象的内容,也意味着当我走进压力区之后已做好了更进一步的准备。这种体验,我想经历多少遍都可以,是完全自由的。对你来说,一次会议要传达哪些内容,一次谈话或陈述要讲些什么,这些问题多久会在你大脑中过上一遍呢?

我提早到达了伦敦。值夜班的保卫还守着接待处,他将我领到了董事会会议室。我第一个到达那儿,于是浏览了一下这家公司的相关信息和主要负责人的情况,随后开始构建我们的计划。外面传来敲门声,一位秘书走进来,将我领到执行总裁的办公室。在那儿我见到3个人——公司的执行总裁、他的副手,还有人力资源总监。他们都是一副焦虑重重的样子。见到我,他们脸上挤出一丝微笑,不过笑容转瞬即逝,这算是打过招呼了,和他们握手,我能感觉到他们手上又湿又冷。他们渐渐了解了事件的真相。经过了解,我知道这家公司已经联系谈判专家对谈判的过程进行了演练,这样做是非常可取的。至少,他们从理论上对整个过程有了一个了解。如果让我教一家公司如何进行准备，我会和他们演练最逼真的模拟场景。我会构建场景图片，播放事件发生后媒体的跟踪新闻报道。然后，还要使用推特和脸书对公司和公司执行总裁大加谴责，以使得局势更加复杂。我还会动用媒体和杂志及伏击事件处理小组，要求小组立刻作出反应。同时，将小组的反应录制下来进行回放，看看每个人都是怎么做的。这样做的目的，是将整个小组置于压力之下，从而让他们学会如何适应复杂和困难的局面。真希望他们做过类似的一些演练。

"非常感谢你的到来，弗洛伊德！"执行总裁看上去是度过了一个不眠之夜，不过精神还算好，做事的条理也很清晰。"我们现在在对具体情况还了解得不多，因此对整个局势还很难作出确切的判断。"

"的确，知道得越详细越好。不过当务之急是要把她安全地救出来。"

"是的，我们正在着手这方面的工作。"执行总裁的副手也插话道，"不可能等到把一切都搞清楚了再行动。我们应该把各种可能性都考虑进去。依我看，在如何与绑匪谈判的问题上，我们需要非常谨慎。语言一定要清楚明了。"

接下来的一个小时，我和他们又进行了深入的讨论。执行总裁的逻辑和分析能力都很强，看待问题客观、严谨，而且还很有决断力。人力资源总监很实际，看问题也比较乐观。他待人温和，处事老练，很显然在人事方面是个老手。执行总裁的那位副手是一个非常能干的女人，与她老板构成极好的衬托——她对理论和概念性的东西更感兴趣，但也能进行客观分析，以决断的方式提出不错的问题。观察着他们的言谈举止，我做出如下的判断：

他们可能分属ESTJ、ESFP 及 ENTP三种人格类型。加上我的ENFP型去直面谈判，想来这样一个组合是不错的。但最好还有一个内向型的，比如INTJ型，能系统而有逻辑地综合各方观点。

在感觉和直觉方面，我们也是均衡的。但由于执行总裁倾向于感觉型，这构成了我们接受信息方面的优势。这样一个团队，在面对现实情况和细节的时候，都应该有不错的反应。不过我还是想检查一下，看他们有没有忽略总体的状况。在思维和情感方面，我们也是均衡的。不过思维型的此刻更显优势，因为执行总裁就是这种类型。所以，我得确保他们都注意到了事件中的情感性因素。例如，我们如何与她家人沟通，如何向其他员工及媒体解释。最后，在判断和知觉方面，我们也是均衡的，不过我们可能会再次跟随执行总裁的步伐，希望尽快找到办法，接受命令。我知道，这件事情非同寻常，所以得让他们都注意到，我们不可能严格地遵循既定计划，而是必须适时作出调整。其中最关键的一点就是要明白人与人是不同的。他人的决定和偏见，可能与我的决定和偏见是不相同的。理解了人格类型，我就拥有了一把利器，帮助我调整与人沟通和交流的方式。现在，我们确定了各自的角色和职责，并确保了所有相关人员与总体策略保持一致。我把两名人质的名字写在黑板上，旨在让所有人都清楚，他们是整个事件的核心人物。我们将所有人员安置到合理的位置上，以保持谈判的优势；同时，我们要冷静客观，以确保我们的决策是正确分析实情之后做出的。对于所做的决策，我们都了然于心，并且可能适时进行调整。

与其中一名绑匪的首轮谈判表明，这名绑匪曾经有过这样的犯案经历。对他而言，这就像商务谈判一样（注意，我虽然用"商务谈判"这样的表述，但请你们不要忘了，这是非法的暴力行为，是非常危险的）。对于我们来说，这也不是件坏事，因为这意味着他还是很切实际的。他也说英语，所以我们不需要中间人在场。对这类谈判的程序他是很了解的，希望通过几轮谈判，最后把赎金确定下来。他对我们提出的问题反应很迅速，我们也很快对他有了了解。他甚至对其中一个问题是否清晰进行了确认，因为他觉得那个问题我们没有问清楚，不想我们误解了人质的回答而延误时间。显然，这个绑匪的性格属于外向型，因为他公开地谈论自己的想法，并多次和执行总裁直接对话，很不喜欢沉默。他想知道交钱细节的安排。他处事很灵活，似乎即使我们不得不改变方案或时间安排，他也不太在意。他说到被劫持的那名女员工时，表现出对她的身体状态及其家人的关注。不过，他也表示，必要时不排除伤害人质的可能，以迫使我们的谈判有一个结果。至少，他会首先让人质过得不那么舒服。

现在，我们能否作出正确的反应非常重要，我们需要在谈判中取得优势，同时要预料到一切可能的意外情况，必要时找到创造性的解决方案。我们还必须学会将决策时间从几小时压缩到几分钟。在整个过程中，我会根据自身的能力，做一个领导者，或当一名随从。因为我了解我自己，也知道自己什么时候会变得很紧张。如果感到紧张，就有必要用我自己的方法平静下来。对我而言，我知道首先是要有逻辑思维，其次是考虑现实，再次是情感因素。我也知道其他人什么时候会感到紧张，什么时候应该让他平静下来。我相信，我们现在的注意力都放在了最终的结果上面，并且一直牢记着我们最初的目的。我们都确信已经了解了现在所处的环境，控制了相关各方，并且从商业的角度应对着局势的变化。我们团队很快拧成了一股绳。大家都愿意倾听不同的意见，发表各自的看法并一致向前。就算遇到一些意想不到的困难，把军队和警察也牵扯了进来，我们的团队依然保持着镇定，相互依靠，寻求解决问题的办法。

绑匪则更关心他的人质，他对人质的兴趣超过了任何人的预期。他话很多，这也有助于我们掌握他的信息。一旦寻求到交流的突破口，我们就可以确定他也有自己的家庭。于是，我便能够将人质的需求与她的家人连接起来。我试图让他在交谈中使用两名人质的名字，这样可以引导他将人质当作个体的人来看待。我将他的性格视作ENFP类型。一旦确定了他的性格类型，要控制他就更加容易了……

数据接收

在第五章中,我将详细讲述不同人格类型在团队中的相互关系。在本章收尾之际,我最后再说几句,总结一下各种不同类型的人格都是怎样接收数据的。这对你理解如何与外界交往、如何与他人交往是非常重要的。设想一下,如果有人向你推销商品,而你自己也很感兴趣,那就说明这件产品或服务本身很好,也正是你所需要的;同时,也可能与产品信息呈递给你的那种方式有关。与我们如何接收数据最相关的,是"感觉/直觉""思维/情感"这两对性格类型。下表总结了不同人格类型组合最喜欢的谈判与销售方式。

人格类型组合与谈判方式关系

ST 类型最想看到:	SF 类型最想看到:
• 产品有效 • 产品如何省时省钱 • 产品性价比很高 • 产品效果如何衡量 • 产品其他方面的运用及好处 ST 类型想要知道这些问题的答案,并且在购买之前,喜欢对产品进行试用。	• 产品对人们的实际效果 • 产品对他们自己以及他们在乎的人带来的好处 • 产品带来的直接效果 • 表达明确、详尽的好处 SF 类型的人喜欢的产品介绍,须让他们感觉自己受到了尊重,并且将产品放在个人背景下加以考虑。他们容易受其他使用者证言的影响。

续表

NT 类型最想看到：	NF 类型最想看到：
• 关于产品研发基地的细节 • 产品的理论背景 • 产品明确的市场定位 • 产品如何使用效果更好 NT 类型喜欢读到的是可信的，实际的，能够支撑产品长远发展的一些信息。	• 产品如何增进相互关系 • 产品如何帮助人们发展 • 产品如何给出新的见解 • 人们为什么喜欢该产品 NF 类型喜欢更多关注个人特质，表明产品能帮助他们寻求意义，令人愉快的、有趣的产品介绍。

在第一章中，我们讨论了大脑的运作。在本章中，我们讨论了各种不同的人格类型。接下来，我要回顾一下这两章的内容，从中提取一些实用的经验。

本章精要回顾

你可能会觉得，你对自己的人格以及你对他人的影响有了充分的了解。但是，如果你对自己的人格进行系统化的分析，就会将认识提高到一个新的水平。你将能够更好地控制自己的行为以及这种行为对他人造成的影响。

将这些原理运用到你周围人的身上，理解他们不同的人格类型，这会让你明白应该如何更好地与他们交往。这样，你的沟通能力将会得到提升，并且能够更好地掌握局面，实现自己的目标。

　　在和家人相处时，在处理各种社会关系时，以及在大多数的工作场合中，我都会运用这样一些手段。每当我和一支新的团队工作时，我都会对他们进行人格评估。这样会使我们之间的交流立刻变得更加顺畅。运用人格分析，我可以确保在必要的时候调整交流方式，以保证信息的畅通而不会产生误解。你是否听到过两个人在争吵，其实说的却是一回事儿？如何才能讲得清楚明白，怎么讲才能让对方乐意接受，这便是传递信息过程中两个最基本的要素。

第三章 北极星：知道自己的重点、目标和目的

The Secret to Exceptional Leadership and Performance

逆境是通往真理的第一条路。

——拜伦爵士
（Lord Byron）

深入敌后·3

弗洛伊德稍稍停顿了片刻。"我说得太多了。"

"不，没有，"我回答道，"请继续讲。您刚讲到精彩的地方。"

弗洛伊德咧嘴一笑。"或许是吧。不过接下来要讲的，绝对是最令人'难以置信的'。我一开头就讲过，我的故事不是完全真实的。不过，我又给了你很多真实的背景，这可能会让你有些迷惑。会讲故事的人都是如此。不过，我现在要告诉你，这个故事的确是杜撰出来的，但可以用来说明一下书中所讲述的道理。想来你应该已经注意到一些东西了——各种不同的人格类型，训练的重要性，等等。你接下来要听到的故事则纯属虚构，因为我将同时在两地出现。我会讲两支深入敌后的队伍。"

"我知道你们空勤团的家伙什么都能干，甚至违背时空法则。"

弗洛伊德对我的玩笑话没有在意，继续讲述着。

"我们的一支队伍分成了两支八人的小分队，在这里，暂就称它们为D8和D9吧。像这样分兵巡逻在现实中也是很常见的。其中一支小分队由一名上士带领,我们就叫他马丁吧。在空勤团里,我们都只叫名字,不叫军衔。马丁在部队中待了20多年,是一名经验丰富的士兵。大家也很尊敬他。由他带领这支小分队,大家都很高兴。小分队的二把手是一名下士,名叫汤姆。小分队中的3名士兵——史蒂夫、温斯和凯文,都非常了解马丁和汤姆,也多次和他们在一起执行任务。还有3名士兵刚刚通过选拔,几个月前才参加战斗,知道他们的人还不多,但是要完成任务,必须对他们报以尊重。他们中的米克和柯林曾做过空降兵;还有一人叫乔迪,曾是一名海军。乔迪的真名也叫史蒂夫,但他是从纽卡斯尔来的,马丁就叫他乔迪,避免和队里另外一个史蒂夫混淆了。于是,乔迪这个名字就这样叫开了。

"他们都是优秀的士兵。他们在一起努力地训练,老兵会主动去认识、了解新入者,让他们感觉到他们是这个团队中的一员。不仅如此,马丁还对全队士兵都做了人格测试。你可能想象不出,我们在部队中也会做那样的测试,不过事实的确如此,而且我们还是走在前列的。大卫·斯特林本人在识别人格类型方面就堪称一位专家。

"小分队士兵把屋子环顾了一周,相互对望了一眼。眼神中流露出对彼此的尊重和信任,这是他们很自然的情感流露。他们依靠彼此获得生存。没有相互信任,他们的生命就会有危险。

"'现在看来,'马丁说,'我们要有车才行。我们要拿大量的装备,三周的食物,还有水。拿着这么多东西徒步太困难了。

以前我们也干过，知道那是什么滋味。受不了。'

"这时，柯林，那名新来的小伙子插话了：'我们不能叫一架飞机来送我们，或者伞降吗？这样我们就可以迅速到达指定区域，也不容易被发现啊。一些重装备可以先藏起来，每天取当天所需的。那点东西装在包里也方便。不用车辆，我们就不需要带燃油了。那玩意本身就要占一半的空间。'

"汤姆下士摇了摇头。'我觉得把东西藏起来不是个好主意。那样有可能被发现，我们就麻烦了。而且那样就相当于我们被钉在了一个地方，每天得来回地跑，遭到伏击的风险很大。所以，我们还是得把所有东西带在身上，随时处于机动状态。'

"'是的，只要有车，即使我们被发现，也可以迅速地撤离。'

"'但是有了车，也增加了暴露的风险。不敢保证在那片区域有地方可以隐藏像路虎这样大的一辆车。'

"'我们肯定能找到地方的。部分路面平坦，很适合驾驶；但是，也还有深沟和干河床。远离导弹发射雷达的区域，沙漠还是相当空旷的。'

"'那也是为什么……'

"'……为什么叫它沙漠，笨蛋。我当然知道。'大家都笑了，紧张的情绪也缓解了不少。只有一个人始终没有说话。

"上士把他也引到讨论中来：'米克，你一直没说话，那你是怎么想的？'乔迪还想插话。

"'先等等，乔迪。该米克说了。'

"米克笑了笑，说道：'我觉得恐怕还是得有车才行。我们需要

有速度和机动性，还要有载重能力。这里面不可能有两个选择。'

"大家都点了点头。马丁又环顾了一下四周。'大家还有意见吗？做好准备了吗？'大家都异口同声地答应了。'柯林，你觉得这样行吗？'

"柯林咧嘴笑了。'我知道你们都害怕低水平的夜间飞行。我做空降兵时感觉到的好处，不是你们每个人都有所体会的。不过你们说的也有道理，我同意。'

"于是方案就这样定下来了。他们便全力清理装备。8个人加上装备，需要两辆车。我们使用了长轴距的路虎，该车非常适合这种环境。车被漆成了略带浅黄的粉色，被大家叫作'小手指'（Pinkie）。经验表明，在沙漠环境中，这是最不引人注目的颜色。同时，车上还盖了伪装网。两辆车上都装有双管布伦轻机枪，这属于通用机枪，可以迅速提高巡逻时的火力。的确，燃油和水占了很大一部分空间，不过仍有空间放个人的武器装备：自动步枪；10个备用弹匣，每匣30发子弹；手榴弹，以及手提轻机枪。

"他们花了一上午的时间，对步枪进行调零，检查弹药，演练基本操作，而且是反复练习。必备武器还包括带定时装置的塑胶炸弹，用以摧毁导弹发射场雷达沿线的通信线路。如果遇到导弹发射装置，他们将呼叫空中力量进行打击。每辆路虎上都配有呼叫空中力量的远程电台。不过，远程电台是不能频繁使用的，因为信号容易被对方的侦测设备捕捉到，从而暴露自己的位置。如果有一辆车独自行进，或一辆车上的人离车徒步，就需要依靠两台短程电台进行联络。短程电台功率很低，几乎不可能被侦测到。最后，还有4台短程视距无线电台。这种电台还可作为应急指示器或者与头顶上飞机进行联络的工具。D8决定只在意外情况下使用这4台设备，因为它们的信号也很容易被对方侦测到。

"每个人都知道，要想有上佳的表现，就得吃好、休息好，所以他们都准备了充足的口粮以及轻便保暖的睡袋。按计划，他们大多数时间都是在夜里冒着沙漠的严寒行动。不过，冬季的天气是难以预料的，所以要特别小心谨慎。过多的不适往往会降低体能和效率。当然，除了必带的急救用品外，每人的工具包里还带有其他医疗装备，包括标准手术所需剂量的两针剂吗啡，每个人都将吗啡围在脖子上。

"当一切准备就绪并反复检查之后，队员们稍微放松了一下，等待着深入敌后的命令。消息传来，他们天黑后出发。所以整个下午，接收到各种各样的命令。这是行动的标准程序。除了行动的队员之外，其他所有人也都参与了进来。巡逻行动指挥者将整个计划从头到尾看了一遍，把每个已经知道的事项又对他们说了一遍，以确保大家是真正明白了。情报官员提供了当地情况的最新报告，包括天气和对手动向等。最后，命令以纸质的形式，每页都套印上'必要备查'，作为记录交到了指挥部。如有意外，他们对自己的行踪和撤离计划也能够有所了解。这个计划被称为E&E计划。

"下达作战指令后，D8的队员们还有些许时间将个人物品收拾一下。如果遇到意外，这些物品就会被送到他们的家人的手中。黄昏时分，他们钻进了路虎，向北朝边境驶去。他们计划是天一黑尽就到达边境，然后趁着夜色，尽可能地向目标推进。"

职业咨询

  我13岁的时候，去咨询过学校的职业咨询师。我很清楚自己想做什么。我打算毕业后加入伞兵部队，那时我已18岁（其实再年轻点去也行），然后，抓住最早的机会，加入空勤团。当你13岁的时候，你会觉得10年就是一个生命周期。所以，在部队里待上10年，我打算再去当一名体育教师。而且，我很清楚为什么会作出这样的职业规划。比起其他的行业，做空降兵和空勤团队员都极富挑战性，对体能要求极高。说实话，相比起来体育教师真不算什么了，尽管我一直很想教体育。

  我把这些想法向职业咨询师作了解释。他戴着一副半月形眼镜，那眼神一时竟不知道该从眼镜的上沿射出来，还是该从下沿射出来。"伍德洛，"他嘲笑道，"凭你的成绩，又没有经验，进伞兵部队比魔鬼进天堂还难。"

  这件事情在我脑海中打上了深深的烙印，对我的情绪产生了很大的影响，我在第一章曾谈起过。老实说，那位咨询师对我讲的是对的，但他说话的方式确实欠妥。我想他的本意并非是想刺激或动摇我的决心，他只是在交流和沟通方面缺乏技巧。或许是我让他感到不快了。他盯着我，像是在读一本书。而他的举动却恰恰触动了我的心弦。因为，无论他的本意是什么，他都会让我的决心更加坚定。过后的几年里，我一直都努力训练。到了18岁那年，伞兵部队的那些测试项目，尽管仍然有难度，但还是能通过了。别的事情就不用多说了。18岁那年，我进了伞兵部队；22岁那年，我进入了特种空勤团。我一直没有当体育教师，但在24岁那年，我娶了一名体育教师，这让我感觉自己走在了既定目标的前头。

职业使命感

就许多方面而言，如果你能清楚地看到自己的目标，我想生活就要简单得多，就像我曾经所做的那样。我从不浪费时间去想自己到底是否该这样或那样做；我都是一心一意地做好自己决定下来的事情。当然，这样做事也有它的缺陷，而且大多数人的职业与我还是有所不同的，这点我可以理解。但是，我还是觉得在你的职业一开始的时候，有必要问问你自己，你能实现怎样的目标；当你在人生道路上前进的时候，也要不时地问问你自己。在许多人生的重要阶段，都会有一个清楚的选择。就像电影《黑客帝国》中莫斐斯对尼奥所说的："吃下蓝色药丸，故事就结束了。你在床上醒来，相信你愿意相信的一切。吃下红色药丸，你就待在这仙境里吧，我会告诉你兔子洞到底挖得有多深。"如果尼奥选择了蓝色药丸，《黑客帝国》也就没法拍成电影了。如果你喜欢蓝色药丸的滋味，你可能也不会阅读这本书了。

到了我快要退役的时候，情形却有些不同了。自己的职业下一步该怎么走，我并没有绝对清晰的认知。为了帮助自己作出决定，我尽可能地学习了各种技能。我学习了法律和心理学，还学会了驾驶飞机。其中，我感觉自己对心理学最感兴趣。因此，对学员进行辅导、训练和激励，成为我的下一个人生目标。我经常同那些对自己的职业生涯不是很确信的年轻人交谈，总是告诉他们要尽可能好地完成自己的学业，尽可能地多做几份工作，最后才能找到属于自己的正确道路。

进入压力区的比赛

布雷肯市有一所基督学校，位于山区国家公园，我曾在那个国家公园里接受过很多训练。这所学校很不错，在学术和体育方面都很出色。他们最擅长的体育项目之一就是越野跑。其中一个原因，就是这里独特的山区地理位置非常适合这项训练。这里已经培养出了多名国内和国际越野赛的冠军。一天，我去那儿观看了一场比赛。威尔士的天气又冷又湿，风刮得特别猛烈，使得雨点几乎是横着打到地面上来的。初级组年龄在11~14岁之间，高级组年龄在15~18岁之间。对于高级组的选手来说，这场比赛至关重要，因为比赛的成绩决定了他们能否进入下一轮的比赛。由于是团体赛，本队所有队员必须全部完成比赛才能赢。比赛将记录每一位选手的分数，所有选手必须完成比赛。现在的问题是，一支高级组的参赛队伍还缺人。

校长转向初级组参赛队，表情非常严峻。我知道他不想把下一个问题抛出来，他怕提出这样的要求显得有点过分。

"你们初级组有没有人愿意参加高级组的比赛？这的确有点难度。你们平时训练都是跑5千米，不过高级组得跑15千米。如果你们还是坚持参加初级组比赛，我也不会怪你们。但是……"他拖长声音说道。

人群更加安静了，只听得见脚步走来走去的声音。我向那边望过去，大约过了20秒，只见最小的一个孩子向前走了出来。这是个小姑娘，看上去11岁左右。她说："我去。"

那天，她跑的路程是平日的3倍。中途呕吐了3次，跑完之后还呕吐了一次。她没有获胜，但也不是最后一名。基督学校拿到了足够多的分数，能够进入下一轮的比赛了。没有这个小姑娘，他们不可能取得比赛的胜利。

比赛结束后，我同这个小姑娘聊了几句。她依然大汗淋漓，因为拼尽了全力，脸涨得通红。我对她充满了钦佩与赞赏。

"不错，太不可思议了。你为什么要做这样的选择呢？是什么驱使你主动站出来的？"

她深深地吸了一口气才对我说道："我只是想把自己向前推一推，看看自己到底能做到哪一步。我知道现在自己有多强。从今天开始，我知道该怎么做了。"好好想想她所说的话吧。

北极星愿景

"我只是想把自己向前推一推,看看自己到底能做到哪一步。"这就是她的愿景,意图毫不含糊,你几秒钟就可以讲清楚。我喜欢看到这样一种愿景,一种让怀有这种愿景的人坚信不疑的愿景,因为我能感受到在这种愿景下的成功意味着什么。这种愿景,像北极星一样照亮着地平线。所以无论你遇到怎样的逆境,甚至在战场的迷雾中,你都可以看到光亮。我不知道有多少次听人说我将会一事无成,但事实证明他们都错了。我会将这样的愿景当作一个参考,因为一旦有人怀疑我会做出成就,我就知道自己把标杆放在了一个正确的高度。在你的团队或组织中,有多少人真正知道他们的目的呢?没有清晰的方向,你在工作中如何分清轻重急缓,你又如何在逆境中坚持,如何知道你是否实现了自己的目标呢?

你的北极星愿景:无论遇到怎样的困难,愿景目标都清晰可见

起始点

"我知道现在自己有多强。"这就是她的起始点。明白这一点非常重要。我在什么样的位置?我现在做得怎么样了?你得看看镜子,诚实对待自己。诚实是你能力发展和提升的基石,包括你的技能,你的市场策略,你心智的坚韧度,你的健康状况,以及你工作所处的文化氛围。技术过硬,策略得当,意志坚定,身体健康,这些都是你能取得卓绝表现的关键因素和基石。拥有这些条件,你可以适应任何环境。不过,也需要对起始点实事求是地定期评估。你若能有效地做到这一点,就会成为自己的教练,而且是一位好教练。

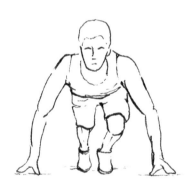

起始点让你明白,今天的你到底有多强

步入压力区

"我知道该怎么做了。"这种状态,我称之为"步入压力区",一个你需要全力以赴的竞技场。我们很有必要了解并适应这样的压力区。一旦你步入压力区,知道如何根据具体情况灵活而富有创造性地作出决定,你会将自己的水平发挥到极致。你越是步入压力区挑战自我,面对压力时就越显得游刃有余。当我和一个团队谈话时,我经常会搬一把空椅子放在屋内靠前的位置。然后,我告诉听众,我将选一个人坐那儿,再给他施加巨大的压力。说完,我会停顿片刻。整个房间总是一下子变得安静下来。唯一的声音只回响在听众的大脑中,他们的内心一遍一遍地重复着:"请别叫到我。"因为他们都不想在别人面前失败。但是,如果你能把这看作一个机会,你就能更好地面对压力,做事也就能驾轻就熟。

在压力下走向成功

付出努力

有了目标和愿景,你必须为其付出努力。我见过太多有天赋的人，但就是向前迈不开步子，不付出努力。其实，一旦你付出努力，将有一股巨大的力量帮助你获得成功。人的大脑就是这么奇妙。自我激励是努力的核心部分。很少听说哪个人取得成功而没有自我激励的。

剑桥大学的一项研究表明，单词中字母的顺序无论如何改变，只要第一个字母和最后一个不变，你仍然能读懂其中的意思。这是因为，人的大脑不是一个字母接一个字母读的，而是将一个单词作为整体进行阅读。

换句话说，只要知道开头和结尾，你就能填补中间的空缺，你的大脑就能够找到其中的连接点。

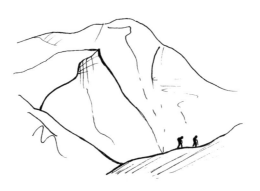

付出努力，到达你梦想的彼岸

一切皆有可能

我一直有个根本的信念，就是只要我想，我就什么事都可以做成。这倒不是因为我极有天赋，而是因为我已经做好了不断去尝试和学习的准备。所以，我经常将自己置身于各种环境中，去验证我对自己的认识。如果你问我是否发自内心地相信自己能做任何事情，我会告诉你："的确如此。"这样肯定的回答以及这样的信念，在与我共事的同伴们身上和我所见证的伟大成就上面得到了体现和升华。很多人，无论年龄大小，总是将自我不断向前推进。这样，他们就离自己的目标越来越近。看到他们的努力，我总是很受鼓舞，可以说努力起到了关键性的作用。我见过许多极有天赋的人，他们能处理很复杂的问题，但却不相信自己，也不愿付出任何的努力。没有努力，那么终将一事无成。

一个人要想将他的聪明才智充分发挥出来，就必须要问自己两个问题。第一个："我是否确实对自己想要的如饥似渴，是否有退而求其次的打算？"第二个："为了获得成功，我愿意付出代价吗？"要赢取就总要付出代价的。

然而，代价最贵的价签却不是贴在次佳选择上面。在那张最昂贵的价签上面写的是"时间"。时间的确是无价的商品，它无法买卖，不能给予，也不能贮存。80岁的人生，仅仅有4160个星期，或是25565天，或是613560个小时。你的时间可能多一点，也可能少一点，没有人知道会是怎样。但我知道，如果满足于次佳所求，这个代价就太大了。

"F"开头的词

我经常让听众说说心中有哪些令他们生畏的事物。大多数听众,无论是8岁大的孩子,还是特战队员,他们说出的最坏的一个词就是"失败"(failure)。当你遭遇失败时,大脑形成的模板是最强大的,以致你失败的那一刻会成为永远痛苦的记忆。在你的大脑中,失败的经历和因此产生的情绪会一遍遍地重复着,还会与你曾经其他失败的经历交织在一起。我一会儿会谈到减小这种不良情绪影响的方法。

对我而言,除非我放弃,否则就不要说失败,不然,这会对我的表现产生巨大的阻碍。这个词承载了太多的价值判断,非黑即白,太绝对了。如果在开始之前,你就老想着可能会失败,那这种失败的恐惧会让你连开始都不敢了。在基督学校里,这恐怕也是初级组那些不敢站出来的孩子们内心深处的想法。我经常见到一些成年人,由于害怕失败,担心失败会影响自己的发挥,最后也不敢踏入压力区。

对于"失败"这个词,我进行了重新的构建。与其说是"失败",不如说是"机会",因为只要你再次努力,任何事情都是你学习和提升的机会。如果不犯错误的话,你又能学到什么呢?当你的确犯了错误的时候,想想这个问题,你又可以擦掉身上的尘土,站立起来,重新开始。

我很喜欢西奥多·罗斯福于1910年在巴黎索邦大学所做的题为《民主国家中的公民权利》(Citizenship in a Republic)的著名演说,其中的一段是这样的:

> 评论家并不重要:当一个强者跌倒或者一个实干家做得不够完美时,在一旁指手画脚的人并不重要。

荣耀属于竞技场上的参与者，他的脸上是泥沙血汗，他不停出击，他犯错，他会不停跌倒或者打空。因为没有任何努力不是伴随着错误和暴露短处，但他至少在努力出击。他懂得出击时的兴奋，他懂得全力以赴，他为理想奋斗。他最终也许会享受胜利的喜悦，也许会失败，但是至少他知道自己曾经尽了全力，也因此永远不会与那些冷漠胆小的从不知胜利或者失败的灵魂为伍。

乐观主义

像我这样，即ENFP类型的人，往往是非常乐观的。我们不会对自己做过多的自我分析，也不会花太多的时间在一个抉择上纠结，或者一遍又一遍地重新审视自己的决定。所以，我一旦决定加入伞兵部队和空勤团，就不会去想自己是否做出了一个错误的决定。的确，其中也有很多的困难和不适。如果我在这个问题上纠结的话，那我倒宁愿多花点时间做点其他完全不同的事情。但这么多年我在思维和身体上所受的训练能够帮助我全神贯注于手头的任务。

直觉型、情感型和知觉型的性格特点有利于找准一项事业，并坚持做下去。如果把其中的一项换成感觉型、思维型，或者判断型，你很可能会对自己做出的人生决定提出质疑。所以，我很能理解有些读者读了这本书，会觉得我这个人太过专一，甚至显得有些另类。我进行激励自我、确定重点和目标的方法确实很简单，不过这不一定是最好的，或者说最正确的方法。对于和我比较亲近的人而言，当我的一些无情的专注似乎忽视了他们需求的时候，他们甚至会说我的方法是错误的。这正如我在第二章所说的，没有哪种人格类型优于其他人格类型。在如何看待这个世界的问题上，没有哪个人是绝对唯一正确的。

有一些实用的方法或许可以帮助你挖掘动力，树立志向。这些方法不是对所有人都总是有效。但依我个人经验，当我需要再次平衡我的生活，或者确定重点的时候，这些方法还是很有帮助的。

生活圆轮

第一个方法，叫作"生活圆轮"（Wheel of Life）。这个方法能帮助你平衡时间分配，让你明白应该将精力用于何处。具体是这样做的。

由外向内依次画10个圈。从中间一个开始，依次标上数字1到10。再画8根轮辐，这样看起来确实就像一个轮子。现在，想想你觉得生活中很重要的事情，你也可以列出来，不分先后，包括：事业、家庭、朋友、金钱、爱情、营养、健康、安全、环境、爱好（或许是某项具体的爱好），在每根轮辐上标注其中的一项。如果超过8项，再添加轮辐即可。最后，就形成了下图所示的模样。

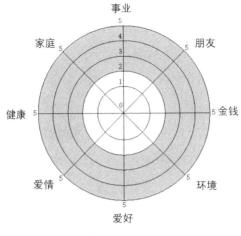

生活圆轮模板

现在,根据你对各方面的满意程度,对圆轮的扇面按十分制进行评分。将各轮辐上的得分点连接起来,你就得到如下图所示的图像。

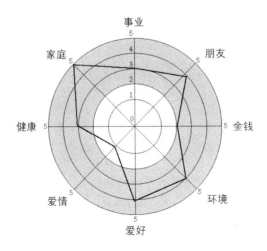

你完整的生活圆轮

当然，这样的图并不能告诉你内心并不知道的一切，但是它却可以将你生活的平衡状态形象地展现出来，并且帮你一一厘清你尚不满意的那些方面。

显然，要让满意度最大化，就得在你给的分值最低的那些扇面上多下工夫。你的目标，就是要让分数较低的扇面提升到较高的分数。这样，你的生活圆轮才是平衡的。

在你的一生中，圆轮的各扇面往往并不协调。拿我来说吧，有时我执行任务，一走就是6个月，那么我与家人、亲属及朋友交往的扇面就会缩小。一旦我执行任务回来，我又会努力弥补先前不得不暂时放下的那些方面，从而将圆轮拉回平衡的位置。

两把椅子

我所使用的另一种方法叫"两把椅子"（Two Chairs）。不用多想，你是不会从两把椅子之间一屁股坐下去的。

将两把椅子面对面地放好，然后请你坐在一把椅子上，想象对面的椅子上坐着另外一个"你"。那是5年之后的"你"。尽可能地想象一下，在这5年中你想要做些什么才能成就另外的那个"你"。你看到了什么？描述一下自己。当然，你又老了几岁了，这是无法改变的。或许是更老了，但我希望你把自己想象得更有精神，身体健康，穿着你喜欢的衣服，对自己感到满意。请你想象一下你住的房子，开的车，还有你理想的家庭状况。再请你思考一下你的梦想，设想你对面坐着的人已经实现了那些梦想。想象你在个人发展、兴趣爱好以及经济状况方面所做的努力和取得的成就。想象你和家人及朋友的关系都相处得非常好。想象你工作中取得的成就。记住，要尽最大可能地来想象你自己。

当你对那把空椅子上的人完全满意了，就可以站起来了，坐在对面的空椅子上。现在，设想你已经很成功了，取得了你刚才想象中的一切。设想一下你现在的心情和感受。再看看你刚才起身的那把椅子。想象着对自己说，要从今天的你变成5年之后的你，你还需要做些什么。

一旦清楚了自己的愿景，你就可以制订计划去实现这些愿景。我个人倾向于在身边建立一个支撑体系，以便让我在前进的道路上能看穿迷雾。为了在大脑中锁定目标，我会选择一幅图画，作为愿景的一个象征。然后，将图画放在我每天都能看到的地方，时刻提醒不要忘了自己的目标。

尽管这些很简单，如同常识一般，但这对你集中心志，成就自己的梦想有着令人难以想象的裨益。

—— 看看未来的你，告诉你自己，如何变成未来的你 ——

坚定信念

无论你是什么样的思维方式，不管你是喜欢数据，还是更多地依靠直觉，你都必须要下定决心并坚持下去。如果你没有下定决心，也就无法做出努力。就好比你在旅途中，不断地改变你的目的地，那就永远不可能享受到达目的地之后的喜悦。你会漫无目的地游荡，而最终变得失望不满。要找到你最终的目的地，往往不太可能。你可以一次确定一段旅程的目标，尽可能地将你的旅途分为若干段可以把握的行程。你会发现，当你完成一段旅程之后，就会径直踏上接下来的一段旅程，这段旅程的方向可能是你先前不曾预料的，但结果却是好的。但是，对于每一段旅程，你都必须要下定决心，并付出努力。

不要等到万事俱备才下定决心，不管你是属于感觉型，还是属于情感型。只要满足了三分之二或者四分之三的条件，你就可以下定决心了。生活似乎总是模棱两可，答案也没有简单的正确和错误之分。真正关键的就是要下定决心。无论你属于哪种人格类型，都需要清除不确定的因素，下定决心，这是一个排除杂念、净化心灵的过程。下定决心，是通往成功之路的第一步。

记住，只求稳是无法获胜的。如果你选择了蓝色药丸，你就会注定平庸，就永远也不可能成为精英。要成为精英，就必须承担风险。你必须把握住机会，必须挑战自我，必须走进压力区。

如果你觉得这些听起来令人生畏，那就对了，直面挑战本身就是一项挑战。如果你做好准备迎接挑战，挑战也就不那么令人生畏了，你成功的机会就会更大。记住，我不用失败这个词，所以我说的选择也不是成功与失败之间的选择，而是关乎能否很好地利用机会。要迎接挑战，你需要很好地沟通与交流。你需要掌握协商的方法，引领你穿越迷宫。你应当准备充分，训练到位。这也是本书接下来的两章要谈到的内容。

本章精要回顾

在你的生命中，你有时会有清晰的目标和目的，而有时你却很难看清前方的路。本章所讲到的一些方法技巧，可能会对你确定目标有所帮助。如果一开始看得不够远，你可以把你的行程分成若干段可以识别的旅程，但最关键的是要下定决心，要为目标的实现付出努力。不要害怕失败会让你丧失机会，因为只有走进压力区，发挥出你的潜力，挑战自我，你才能拥有卓绝的表现。

一旦适应了压力区的状态，你就会觉得兴奋，甚至还想经常进入压力区挑战自我。通过不断检验自我，你的能力也得到拓展。网球天才约翰·麦肯罗（John McEnroe）总是说，他就是为压力而活，因为那才是价值所在。没有压力，要投出一个好球确实很容易，但这远不能满足于我。

第四章　交流与谈判

The Secret to Exceptional Leadership and Performance

起立发言需要的是勇气,坐下聆听需要的也是勇气。

——温斯顿·丘吉尔

深入敌后·4

"那D9小分队的情况又如何呢?"我问道。

"哦,是的。他们啊,又怎么样呢?"弗洛伊德仰望着兰斯伯瑞酒店茶室天花板上精致的吊顶,略微思索了片刻。

"在我的故事中,D9所作的决策略有不同。或者说,他们各自都有各自不同的决定。和D8一样,在接受作战指令后,他们就开始着手计划的制订。他们的人员都是从其他各队抽调来的,从性格类型的组成来看,他们就没有那么幸运了。他们中有4个都是大嗓门,包括中士(队里最高军衔)和下士。这4个人关系很紧密,是很好的伙伴。很有意思的是,他们当中还有两名入伍不久的士兵——比利和奇科。我想这两人应该是很尊敬中士和下士的,而中士和下士也乐在其中,所以他们很快走到了一起。其余4个人恰好相反,他们都很安静。很奇怪的是,小分队中最有经验的3个人,都在这个安静的小群体中。"

"所以,我想他们制订计划的过程肯定有所不同。"

"你说得对。"弗洛伊德笑了,"事实上,是新兵比利先开口。他用急不可待的语气问道:'那么,吉姆,我们怎么才能到达指定区域呢?这种事你已经做过很多次了,你觉得最好的办法是什么?'

"中士略微挺了挺胸膛说道:'三个选择。要么我们开两辆车进去;要么先搭飞机,再步行进入;要么就伞降进入。现实就是这个样子。'

"'我们不会真的背着装备走上该死的300英里(约480千米)吧?'屋子的角落有人嘟囔了一句。声音很轻,中士都没有听得很清楚。嘟囔的是斯图,他当空降兵的时间要长一些。一左一右坐着另外两名士兵,他们身子都轻微抽动了一下。

"下士笑了两声,开口说道:'要是让我从坐一会儿飞机,还是蒙着灰开上老半天的车中选择的话,我肯定选择坐飞机。那一带地势平坦。如果我们开车进去,我都不知道怎么才逃得过他们的视线。'

"'你说得有道理,斯坦。'中士同意他的观点,'问题就是我们带的东西太重,尤其是行动开头的一段时间,还带着大量的水。'

"'能搞定的,吉姆,'比利急切地说,'我们都挺强壮的。在训练中,我们都是背好重的东西。要不是为了实战,这些训练还有什么用呢?'

"'看需要吧,'中士说,'如果要步行的话,我们就只好精简装备。斯坦,你为什么不把我们必备的东西列出来呢?武器、弹药,还有炸药。要减轻重量,我们可以减少通信装备,可以不带呼叫空中打击的远程电台。5加仑的水没法省，那足足有40磅，但我们一路上消耗着，会越来越轻的。14天的定量，好在也不占空间。一些过于笨重的物品，比如像厚重的衣服就不用带了。我不信沙漠夜里会有那么冷。'

"'不管怎么说，我们会在夜间行动。那并不难！'说这句话的是新兵奇科。话音一落，又引来屋子的一端那个安静小群体的咕哝声，不过并没有引起争论。

"这一次，吉姆试图让那些安静的队员也说说话：'你们几个家伙都很安静啊。你们觉得这个计划可行吗？'

"斯图抬起头来，和中士的目光有了一个短暂的接触。'当然，我们当然同意。'另外几个不安地挪了挪脚，但没有说话。

"'很好，那就这样定下来了。着手整理装备吧。'

"8个人当中有3个仍然没有发过言。

"接下来的准备工作，D9号和D8差不多。他们都细致地进行调零，准备并检查武器。他们的人字架背包都塞满了装备和给养。如果其中哪个人走丢了，不管什么原因，后果都还不会太悲惨。他们还把作战指令回顾了一遍，同时清理了一下个人物品。在D8坐上路虎出发几个小时之后，他们也乘车去了机场。

"尽管斯坦说比起开车，他更愿意坐飞机，但这飞机坐起来也没有什么奢侈可言。飞机没有坐椅，只有空空的机舱。你得想办法在防滑地板上尽量让自己待得舒服些。机上有股航空燃油的味道，还有发动机产生的热量，尽管天气很冷，但还是让他们热得很不舒服。飞机飞行了一个小时多一点的时间，最后到达了空降地点，一路上也折腾得够呛。

"为了避免被对方发现，飞机飞得很低。当飞机沿着地形的高低有所起伏时，几名士兵剧烈地呕吐起来。着陆前15分钟，飞机发出警报，士兵们开始准备装备。收到皇家空军跳伞指挥官的命令后，他们又互相检查了装备。跳伞指挥官又对他们进行了复查。飞机的侧门滑开，强大的气流伴随着巨大的噪声一下子涌入了机舱。士兵们都向前挪着步子，捆扎在胸前那些沉重的装备扯得他们都是向前半倾着。接着是两分钟警报，红绿灯闪烁着，他们一个接一个地跳出了机舱，其他的重型设备也跟着他们一块儿投了出去。着陆很成功，他们彼此都挨得很近。他们知道，现在是最容易暴露、最容易遭到攻击的时刻。4名队员卧倒，用武器形成360度的防御体系；其余的队员则迅速收集他们成堆的重型装备。

"他们注意到，他们着陆的地方非常开阔，并不是他们先前根据地图所预想的地方，这让他们多少有些不安。

"'该死，吉姆。我们是不是掉错了地方？'这是斯坦下士在对中士说话，'当初料想这儿会有些掩护的，结果平得像块煎饼一样。我们是不是需要调头回去，重新确定我们的方位？'

"'来不及了，看在上帝的份儿上。只能把装备都带上，尽快离开这儿。'

"'斯坦说的还是有道理的，吉姆。如果我们在附近找不到合适的LUP，那该怎么办呢？'说话的是新兵比利。顺便说一句，LUP是隐蔽点（Lying Up Point)的缩写。

"'闭嘴，服从命令。我们能找到隐蔽点的。你不是胆小鬼吧？我们找到隐蔽点之后，再讨论下一步的行动。'

"'正确。'吉姆看到他们着陆并没有被发现，反而还激起了士气，于是立刻下达了命令。'斯坦，你和比利、斯图，还有埃文，在这儿守着我们这些物资。其余的人跟我来，去寻找好的隐蔽点。地图显示这儿应该是一片高地，但现在看来，我们还得把网撒得再开一点。预计在一个小时之内回来。'

"结果，斯坦他们4个人等了远不止一个小时。当出去的几个人回来时，时间已经过去了三个小时。沙漠的夜晚，比他们预想的要冷得多。留守的几个人已经感受到了刺骨的寒意。'真该带点儿保暖的东西，'比利朝斯坦嘟囔着，'这么冷的天，猴子尾巴都能冻掉。'

"'我可没说过不带保暖的东西啊，伙计。'

"从搜寻组传来的消息也不妙，似乎吉姆的情绪非常低落。'从这儿向北3千米有一片起伏地带。那儿有一条旱沟，能够为我们提供掩护，算不上最理想的隐蔽点，但也没办法了。估计我们的着陆点在我们预计地点的南面。要在黎明前将所有物资搬到隐蔽点，我们必须得抓紧时间。'

"D9的队员度过了一个疲劳之极的夜晚。要转移物资，最好的办法就是接力。所有的武器、电台、炸药，还有水，加在一起足足有750公斤，这意味着每个人平均要拿80公斤。不管你多么强壮，多么健康（D9的队员体能和健康是没有问题的），你也没法一口气搬走那么多东西。于是，他们每人都背着人字架背包和腰间的装备，这是你不能取下来的，这两样东西加在一起就有30公斤重。其余东西由4个人拿着，过一段时间再轮换。最后，他们终于到达了隐蔽点，并且恰好在晨光初现之前，将所有的装备藏了起来。

"比利和斯图负责第一段时间的站岗任务。他们朝着高地走去，以便能俯瞰他们白天作为基地的旱沟。一边走，比利还半开玩笑地朝斯图嘟囔着：'我知道，我本不应该对着陆点有什么不满。'斯图哼了哼，还是和往常一样没有说话。与此同时，斯坦和吉姆躺在硬硬的沙漠地上，聊着天准备睡觉。

"'吉姆，我真的觉得我们犯了一个错误。我们还是应该开车的。我们带的东西太多，机动性就大打折扣了。在这样开阔的地带，我们很容易被发现。一旦被发现，可能也抵挡不了多久。我觉得应该返回基地，对形势进行重新评估。那样我们就可以调整计划。'

"'这可是件大事，斯坦。'吉姆回答道，'这么早就承认失败，也太让人窝火了。再考虑考虑，回头再说说接下来怎么行动。'斯坦听了耸了耸肩。

"快到傍晚的时候，他们开了一次军事会议。白天的天气还是很暖和。但是现在，太阳已经落到了西方的地平线上，照得物体的影子拖得老长，气温也下降得飞快。北边的天空聚集了一大团乌云。阵阵凉风吹来，让人感觉神清气爽。

"斯图从岗哨上回来了。'他从来没有什么要说的。'比利开玩笑地说道。有两个人脸上露出一点笑容，但听见吉姆说话，笑容又立刻收敛住了。

"'我和斯坦认为我们的着陆点比原计划偏了20千米。这就意味着，要到达行动区域，我们要么继续背着这些东西走，要么将队伍一分为二，一部分人在这儿留守，一部分人进入行动区域进行侦察。这样，我们就可以对形势进行重新评估。'

"他顿了顿，目光在大家身上扫了一遍。有几个人低垂着眼，茫然不知所措。比利在地上踢了踢。最后，新兵奇科打破了僵局：'是怎么搞成这个样子的？'斯坦站在他身旁。'嗯，要么是我们自己，要么是飞行员。但现在争论这个都无济于事了。我也想了一下，依我看，现在承认失败还为时尚早。我们现在能做的，就是迎难而上。'又是一阵沉默。然后，吉姆断然说道：'说得对，这就是我们要做的。你们4个守在这儿。你们3个和我一起，进入侦察区域。等我们回来再作进一步决定。'

"一块石头在地上滚了一下，咔嗒咔嗒地响了几声，所有人都抬起头来看了看。'你这是什么意思，这就是我们要做的吗？如果我们把各种选择摆出来讨论一下再作出决定，你觉得不是更好吗？'

"吉姆本能地朝队里最年轻的士兵格斯瞪了一眼：'那你怎么看我们现在做的？你知道些什么？你才刚到我们队伍里来。还有人要说什么吗？没有了吗？那好。比利、奇科、斯图，你们3个和我进入侦察区域。30分钟后天黑尽了就行动。其余的人守在这儿。'"

交流也是谈判，谈判也是交流

在第一章里，我试图对人类大脑的运转提出一些见解。第二章根据不同人格类型探讨了大脑差异性的表现。第三章主要讨论了动机以及你在大脑中为自己设定的目标。

第四章有关交流与谈判。要只写谈判不写交流，或者只写交流不写谈判都是不可能的。因为你在进行交流的同时，也是在进行谈判。你在进行谈判的同时，你也是在进行交流。这一章将前几章的内容串联在了一起。你需要对他人的个性和偏好有所了解，从而更有效地和他们进行交流；你也需要清楚自己的动机和目标，从而让你的谈判变得更有目的和意义。看完本章，你还会期待更多的内容，包括如何在一个团队中工作，如何领导一个团队，领导一个精英团队。因为无论你在团队中扮演怎样的角色，交流和谈判都是最重要的技能。

简单的交流还是微妙的谈判？

想想日常交流这种最简单的形式。一句话，或是一个问题，是如何变成谈判或者引起谈判的？"我今晚7点想看《英国偶像》（X Factor）。"这是表明自己意愿的一个简单陈述。同时，这也可能是协商的一个开局。就算这个陈述得到肯定的回答——"好啊，好主意。我和你一起看吧"，这里面可能也隐含着没有言说的潜台词："你知道我不喜欢这档节目，不过现在不想和你争……"

如果得到的回答是："我还是觉得看电影好些。我们为什么不去看场电影呢？"如此，一次明确的谈判就展开了。如果一起看西蒙·考威尔（Simon Cowell）的《英国偶像》的提议得到了赞同，那就不会有明确的谈判，有些话则可以留着等以后再说："上次是我陪你看的《英国偶像》，现在该你陪我看电影了。"

甚至即使一个最简单的提议，也包含着谈判的元素在里面。"我想喝杯咖啡。你要吗？"这听起来完全是在为他人着想，但却很可能期待着未来的某种回馈。"要不要我给你倒杯咖啡？"这句话从本质上讲和前句是一样的提议。但和前句不同的是，它没有暗示我自己想喝咖啡，所以顺带给你带一杯，因此期待回馈的意味就更强烈。

本章会讲到一些谈判技巧，但我并不提倡将所有家庭谈话都搞得跟正式的谈判一样。这样的话，你会觉得太累了。如果你养过十几岁大的孩子，你就知道与他们无休止地讨价还价下去有多么累——"如果你今晚11点以前就回来，那周六晚点儿就可以出去……不，深夜不行，11点之前必须回来……不，如果你过了11点才回来，周六哪儿也别想去；明天还得上学呢……好吧，如果公交车是11:15分，那好吧……"如此云云。

我要指出的是，人的大脑中有种根深蒂固的心理，这是一个平等交换的过程，总是期待我为你做了什么事情，你也能为我做点什么。当你在和卖家或者顾客讨价还价，或者在某种场合为你自己或你的公司争取有利的经济条件时，经常会有这类表述明确的谈判。在关乎生死之时，比如像我经常参与的解救被劫持人质或在一些军事行动中，那就是非常紧张的谈判了。不管怎样，其中的原则都大同小异。想要成为一名精英，进行有效的交流和谈判是必备的能力。在与孩子们和家人的交流中，我对他们人格类型的了解起了很大的作用。

要给谈判下个好的定义的话，那就是"有目的的谈话"。谈话没有目的，那又有什么意义呢？

准备

与生活中许多其他事件一样，要进行成功的谈判，第一条规则，就是要做充分的准备。我在进行谈判之前，要确认自己已经明确了以下这些问题的答案，根据重要程度依次是：

- 什么是我必须有的？
- 什么是我想要的？
- 我对我的对手有哪些了解？
- 对谈判有什么样的计划？

什么是我必须有的

在谈判中，"必须有"（must have）有很多种指代：明确的立场、底线、不能通融的条件。在特定场合下，"必须有"是很明确的：如果你在和一个试图跳楼自杀的人谈判，那"必须有"就是不能让他跳下去。如果你在进行释放人质的谈判，"必须有"就是人质能得到释放且免遭伤害。但是在大多数商业环境下，这个问题就不是那么明确了。什么价格或者合同条款是真正不能接受的?"必须有"是单一的一项,还是一系列的可变因素?如果在进行谈判之前,对你的"必须有"还不清楚,那你就不知道你谈判的目的何在,最后的结果肯定是一塌糊涂。再想想你的愿景或者目的,必须将自己的意愿清楚地表达出来。

什么是我想要的

这个问题下面通常还有一系列的选择,或者叫"乐于有"(nice to haves)。如果说"必须有"是不可动摇的战略目标,塑造了你的谈判框架的话,那么"乐于有"将会告诉你谈判的策略。在无损"必须有"的前提下,尽可能地赢取"乐于有"的东西,这会让谈判变成一件有趣的事。给自己的"乐于有"排个序:比起额外赠送2个,我更愿意少付10%;比起卖15个、当面收取现金,我更愿意卖20个、1个月之后收款。有了这样一些排序,你在谈判过程中会更有决策力,更能做出有效的反应。

我对我的对手有哪些了解

有时你是在和一些你熟悉的人进行谈判,比方说,正处在叛逆期的十几岁的孩子,或者想待在家里看《英国偶像》的伴侣。但是,在更广阔的领域中,你很多时候不得不和初次见面的人进行谈判。不过这并不意味着你打的是无准备之仗。在特定场合下,例如遇到绑匪劫持了人质,研究人员会查阅相关机密信息,建立绑匪的档案。在通常情况下,由于有了互联网背景调查,这也成了一件比较容易的事情。你大可以利用搜索引擎,搜搜你要见的人以及他所代表的组织机构的一些情况。事实上，在我们这个时代，与人会面前不了解对方的背景情况会显得很不礼貌，这表明你对这次会面并不在乎。我最近参与了一次反恐训练，我问他们，对于已被抓捕的恐怖分子，他们从互联网上了解多少信息。想来挺有意思的：大家的脸上都掠过一丝恐惧。因为他们这时才意识到，这么简单的一个渠道竟然被忽视了。

顺便提醒一句，你得知道你自己有多少信息在网上泄露了出去。一些在线的数据是很难改变的，想想你所用的一些媒体平台，如脸书、推特，还有领英，你可能已经在上面与你将来要进行谈判的人聊过了。

如果是很重要的会面，那了解还应该更充分一些。你有没有认识的人与你即将会面的人打过交道呢？如果会面是签署合同或者进行交易，你能否判断对方会有怎样的举动，他们谈判的风格是什么，他们喜欢什么，不喜欢什么吗？

如果在会面之前，你确实无法找到他的相关信息，那见面时注意观察、收集信息就显得尤为重要。显然，在会谈开始前，你不太可能对对方进行人格测试（除非你是对他们进行招聘，人格画像将告诉你是否该聘请他们，该如何聘请）。在进入正题前的闲聊中，你可以用我在第二章中介绍的方法，对对方的人格作一个初步的判断。通过他们对窗外景色的反应，判断他是"感觉型"的，还是"直觉型"的。通过他们的举止判断他是"外向型"的，还是"内向型"的。在会面时，人们有时会闲聊一阵，然后说"现在言归正传吧"或诸如此类的话。花点时间随便聊聊其实也是不错的，这甚至是"业务"的一部分。聪明的交谈者可以利用这个机会调整交流策略，使之更为得体。如果是在对方的办公室，环顾一下四周，看看有些什么样的画、照片、奖状，或是证书，这些都能让你知道对方在乎哪些东西。物品的摆放和布局，是整齐的还是凌乱的，这也可以为你提供一些线索。

两条忠告：

1. 不要带着某些偏见进行判断，比如："他以前当过兵，肯定很强硬"，或者"他这么年轻，没有什么经验"。用老眼光看人，有时是对的，但很多时候是错的。

2. 记住，对方也会以同样的眼光来审视你。你给对方的第一印象非常重要。别人对你的第一印象，一定要是你想让别人看到的第一印象。

对谈判有什么样的计划

"我有个很聪明的计划。"这是鲍德里克（Baldrick）在喜剧《黑爵士》（*Blackadder*）中一句引人注意的话。他的"聪明"计划总是给他的主人和他自己带来麻烦。现在不说他的故事。在进入谈判之前，你最好能有一个清楚的计划，这就需要找到你的突破口，需要看到前面的几步该怎么走，就像一名优秀的棋手那样。如果他们这样回应，那我们下一步的行动就是那样的；如果他们要求这些，那我们就提供那些，等等。

当然，有很多偶然事件是在计划之外的。但有一条好的经验法则就是，谈判越重要，准备和应急计划就越要考虑细致。一项有用的练习就是角色扮演，让你的同事扮演你谈判的对手。在角色扮演的练习中，我也会朝学员大吼或用他们反感的方式将他们置于压力之下。一旦他们顶住了我带给他们的冲击，他们就会意识到，在现实中遇到此类情形时，自己早就有所防备了。我曾处理过类似的情况。谈判涉及多方，每一方都是在考虑自己的得失，无视他人的利益。我让力图撮合各方的团队通过模拟的紧张谈判，让他们感受将要面对的谈判各方。谈判归来之后，他们都笑了，说谈判进行得和计划一模一样。他们说有人在谈判中暴跳如雷，并试图控制整个会谈。说到这里，他们笑不起来了。我还参与过一些热门工作的面试。一些人认为自己很有经验，根本不做任何准备，这让我非常吃惊。

　　制订谈判计划最大的好处就是会给人一种未经准备的印象。如果你能提前做好准备，而不是开局之后再来思考对策，你就能直接给出回应，这样就显得开放、直接而又自信；否则，你可能会给人留下过于谨慎、时刻都在提防的印象。我经常会说，我那些看似自然的瞬间，往往都是提前准备了好几个月才会出现的。

谈判风格：一输一赢，还是双赢

　　对谈判做准备，还要想清楚你要的是什么样的结果。在某些情况下，能接受的唯一结果就是有输有赢。例如，绑匪释放人质的条件往往是无法得到满足的，那他的"必须有"和你的"必须有"之间就存在势不两立的冲突。你不得不将他推向失败的境地，让他一无所获；同时你得让自己赢，从而安全地解救人质。

在大多数情况下，你能将对手推向何种境地以及怎么推，确实是可以选择的。你们的交易可能是一次性的，你也不必太在乎对方的感受。所以，如果你要买一套房子，你会尽可能地压低价格，因为你以后也不太可能和同一个销售人员打交道，而如果能省下几千块钱，对你自己来说可不是个小数目。

但是，商业谈判又不一样了。你极有可能会再次与同一个人打交道。回头生意往往是最好的生意。就算某件商品的买卖可能是一次性的，但你谈生意的风格和信誉度却能传得很远。在谈判中伤害了对方，也会让对方变得更聪明，迟早有一天，你也会因此受到伤害。有可能是因为他们与你的下一个客户很熟悉，也可能是他们换了一个身份又出现在你的生意中。你肯定不想得到这样一个名声，让大家觉得你是一个不好打交道的人，因为你还要和不同的人做生意。如果在谈判中你总是让对方受挫，你会发现，愿意和你做生意的人越来越少；而那些依然和你有业务往来的人，价码也会要得越来越高。"一报还一报"，这句话确实有它的道理。

所以，在正常情况下，谈判最理想的结局就是双方都感到达成了一个满意的结果。双方都应该赢得了自己的"必须有"，也收获了一些"乐于有"，并且彼此没有发生正面冲突。"乐于有"的另一面就是"乐于给"。

在我看来，有效的谈判就是在保持和增进你与对方关系的前提下达成你的目标。要做到这一点，你就必须注重并且建立与对方的情感联系。坚定而公正，这是你需要在谈判中赢得的声誉。

积极聆听，建立关系

美国联邦调查局将谈判中的各个步骤系统化为"行为改变阶梯模型"（Behavioural Change Stairway Model，缩写为BCSM）。这是由该局危机谈判小组提出的一套理论，用于处理紧急和绑架人质等谈判事件。这套理论从危机处理的角度，阐述了一套在谈判中各自独立又相互联系的阶段性方法体系，以期获得罪犯或自杀者的行为转变。从表面上看，这套理论很简单，但在实践中，这套理论却发挥了巨大的价值。

其原始模型分为5个阶段：

1. 积极聆听（Active Listening）
2. 共情（Empathy）
3. 建立关系（Rapport building）
4. 施加影响（Influence）
5. 行为转变（Behavioural change）

正如你所看到的那样，"积极聆听"是这个原始阶梯模型的第一步。然而，在训练过程中，我们注意到学员刚开始时都还是注意积极聆听，但随着时间的推移，他们渐渐忘掉了这一关键性的元素，最后导致谈判的失败。因此，该模型经过调整，就成为下图所示的步骤：

1. 共情	积极聆听
2. 建立关系	
3. 施加影响	⬇
4. 行为转变	

修正后的行为改变阶梯模型

在任何谈判中，积极聆听都是最重要的一个元素。如果谈判陷入了僵局，你可以迅速利用积极聆听的技巧推进谈判的继续进行。至少这可以为你赢得时间，以便作出新的计划。

BCSM的各个阶段都是不能一带而过的。你必须重视第一个阶段，并以此为基础建立关系。一旦建立了关系，给对方施加影响就变得容易多了，因为他们意识到，且不论对错，你花时间去聆听了他们的声音，能站在他们的角度看问题。

尽管BCSM最初是为处理危机而形成的，但其中的原则和步骤（尤其是经过修正后的步骤）对各种类型的谈判都大有帮助。

情感智力

研究表明，高智商、说话冗长都不是优秀的交流者和强力的谈判者的特征。相反，交流和谈判中的卓越表现是与另一种类型的智力有关，即情感智力。

和行为上的积极聆听一样，情感智力是谈判者能够引导对方爬上BCSM阶梯的关键因素。尤其重要的是，谈判者需要能够读懂自己的情感，能够意识到自身的情感对对方所产生的影响。他需要能够控制自己的情感，抑制冲动，让情绪产生正面的，而不是破坏性的影响。他需要能够感知、理解对方的情感，并对此做出反应，从而影响对方并掌控谈判。

优秀的交流者能够在影响对方的过程中，或者在对方表达情感（有时是不经意间）的过程中，捕捉到很微小的细节。按照心理学的术语，这叫作"躯体标记"（somatic markers），是形成一个人本能反应的基础，或者是某人"基于直觉的想法"。

按照彼得·德鲁克（Peter Drucker）在他的《21世纪管理挑战》（*Management Challenges for the 21st Century*）一书中的观点，"交流中最重要的就是要听出对方并没有言说的'话外音'"。关于情感智力的重要性，大家可以看看德鲁克的这本书，或者丹尼尔·戈尔曼（Daniel Goleman）的《情商实务》（*Working with Emotional Intelligence*）。

彼此换鞋穿

共情

在谈判过程中，情感智力是产生共情的关键，也是由此引领对方登上BCSM台阶的第一步。"共情"这个词已经用得有点滥了，现在几乎成了"同情"的同义词。所以，有必要回到它的本义，看看牛津词典上对它的定义："将一个人的人格，在完全知晓并理解的状态下，投射到预期目标上的一种能力。"所以，在谈判中产生共情，并不意味着你同情对方。对于一名穷凶极恶的恐怖分子，怎么能够说同情呢？但是，共情意味着你得穿上他们的鞋子，去理解他们眼中的世界。

当你的谈判对手处于一种狂热或者心智失常的状态时，共情是很难实现的，因为情感真空并不存在。哪怕是最普通的谈判，也是游弋在情感之中的。这种感情是个人早期体验的残余，在此刻特定的谈话内容中以改头换面的形式再现出来。

如果你的情感智力能够理解他们的观点，你就能够建立与他们交流的框架，使交流富有成效。这种理解为你提供了一个建立关系，影响对方行为的平台。

肢体语言

我曾在第二章中提到过肢体语言。在观察信息是否被有效地传达给不同人格类型时，肢体语言传递了很有用的信息。这个有趣的课题直到近年来才得到系统的研究，可以写一本书来进行详细的阐述。这里，我可以推荐一本书——艾伦（Allan）和巴巴拉·皮斯（Barbara Pease）的《工作中的肢体语言》（*Body*

Language in the Workplace)。这本书对该课题在商业语境下的运用作了精彩的介绍。

对于没有受过教育的人而言，肢体语言是一种无意识的交流手段。这也解释了为什么会有人花时间去理解并掌握肢体语言，使之成为自己的一件有力武器。肢体语言可以让语言信息得到加强，让受话人更加相信你所说的话。如果使用不当，肢体语言也可能会破坏你的语言信息，让你所说的话起不到应有的效果。在话语缺失的情况下，肢体语言自身也可以传达意义。

第一印象的重要性已经是个老生常谈的话题了。研究表明，一个人对你百分之九十的印象，是在你们初次见面的4分钟内形成的，而其中有四分之三来自非语言的渠道。

握手

通常我们的首次接触就是握手。握手时手掌湿滑，没有力度，这会遭人反感，是缺乏自信的表现。握手时过分用力，则会触怒对方（尤其是对方戴着戒指），会让人觉得这么用力的握手意在支配、控制对方。手的位置也是一个影响因素。如果握手时双方的手一高一低，且你的手处于上方，这也会给人一种印象，觉得你想处于支配地位；如果你接受了这样一个位置，但将手置于较低的位置，则会让人觉得你是处于受支配地位。所以，你想通过握手迅速建立起平等的关系，握手时手掌要与地面垂直，坚定但不要过分用力。

最重要的是，你应当根据对方的力度，对自己握手的力度进行调整,使之与对方的力度相当。

我能看见你想要说什么

事实上,这是我在第二章所说的映照行为的又一例证。当然,这里面也有文化上的差异,需要引起你的注意。美国人握手会使劲地上下握几次。德国人则是上下一次。很多欧洲大陆的人每次见面都会握手,而英国人则会觉得这样有些奇怪。日本人则完全不喜欢握手。所以,有必要调整你的行为,让你意欲留下印象的人感觉舒适。

外表

接下来说说你该如何展示自己。当然,从某种意义上来说,你无法决定你的外表。但在有些方面,你还是能够努力做到的,例如,保持身体健康,注重仪态。这并不意味着任何会面都要穿得西装革履，收拾得过于干净。如果你想和一家软件公司做生意，人家穿的都是T恤、牛仔裤，穿一身西装只会增加隔阂；与银行家会面，你却穿着T恤、牛仔裤，恐怕也很难从他那里贷到款（除非你已经是成功的企业家！）。在衣兜里装得太多，或者公文包里塞得太满，都会给人一种没有收拾、很混乱的感觉。

最佳位置

无论是坐着还是站着，与对方建立关系的最佳位置是与他呈45度角。与对方面对面地站着或坐着，显得比较有攻击性，更容易引起冲突与不和。如果你站得离对方太近，侵犯了他的个人空间，就会让他感觉不适；如果站得太远，则会有种疏远感，显得很淡漠。此刻，文化差异又一次体现了出来。例如，日本人的舒适距离，比美国人的更近一些。

控制你的动作很重要。地位高的人往往安静地坐着，很少使用手势。这会给人一种镇定、自信的印象。胡乱拨弄一些物件，如钢笔、衣服，或者你身体的某个部位会给人留下负面的印象，因为这是一个人紧张、缺乏自信，甚至缺乏诚意的表现。看着对方的眼睛很重要，这表明你注意力集中，并且有诚意；但是会面过程中一直盯着对方则显得不友善，甚至有敌意。在这里，映照依然是关键。看对方的角度要与对方看你的角度一致。

如果你想让某人说话就此打住，或者要维护你的权威性，有一个技巧叫作"力量凝视"（power gaze），即盯住对方鼻梁和额头中心等距的一个点，眼睛微闭，聚焦于那一点上，不要眨眼。这是一个具有威胁性的表情，映照了很多食肉动物捕食前的姿态。这个技巧可以让与你交流的人停止说话，迫使他们退到服从的地位。

透露心迹的姿态

有些姿态可以透露一个人的心迹。双手抱胸，或双臂置于体前，表示不愿接受，是一种防御性的姿态。如果有人说话捂着嘴，则表明他们并没有讲出实情，或者至少他对自己说的话感到不适。研究表明，就算是很善于控制自己肢体语言的人，说谎时腿的位置也会挪动。一般来说，腿的位置和动作是很能说明问题的。双腿平放表明了一种开放的态度；双腿交叉则暗示排斥或不确定。如果有人落座时双腿对着门口，则表明他们感觉事不关己，想要结束会面并离开。如果一个人谈话时将手放在脑后（通常是男性），则表明他有一种优越感，感觉他知道答案。而如果此时你正好和他在进行谈判，那么这样一个动作并不一定是你想看到的。

眼球运动也能说明问题。神经语言编程（neuro-linguistic programming，简称NLP）的研究表明，一瞬间无意识的眼球运动，就能暴露脑中所想。例如，一个人的眼神上挑，他可能在回忆一幅画或是一个形象。这表明他们更喜欢视觉上的交流。如果给他们一幅画或是一张图表，他们会有较好的反应。如果眼球向右下方运动，则可能是在回忆一种感受或情感；向左，则可能在认真思考问题。读懂神经语言编程非常困难（例如，左利手和右利手在行为上有很多差异），需要经过大量的训练。但这也可能是你感兴趣，并愿意做进一步探索的领域。

请多给几块派

"MORE PIES"（多给几块派）这个缩写太有意思了，这和我的话题非常契合。这是一个首字母缩略词，包含了八种帮助我们交流和谈判的谈话技巧。当然，我们会本能地使用一些技巧，但如果我们能真正理解这些技巧，并有意识地加以运用，我们便能在更多的谈判中获得成功，得到更多的派：

• 最小激励（Minimal encouragers）——给予简短的回应，让对方感觉到你在倾听并让他说下去。这种回应可以是点点头、哼两声、说点诸如"的确如此""嗯""我知道"之类的话。

• 开放性的问题（Open-ended questions）——不要总是问用"是"或"不是"作答的问题；问一点关于谁、什么、在哪儿、为什么、如何之类的问题，以引起对方的应答。

• 回应问题（Reflecting/echo questions）——简单重复对方所说的最后几个或一个单词，会让说话人继续把话说得更明白，例如听到对方说"我知道他们讨厌我，因为他们都很生气"的时候，你问一句"很生气？"

• 情感标签（Emotional labelling）——确定并证实对方陈述的情感取向，为其贴上正确的标签，这是产生共情的一条捷径。例如："你感觉你很生气，因为你被误解了。不过，你生气正好表明你很有热情啊。"

• 释义（Paraphrasing）——用你自己的话把对方的意思再陈述一遍："你是说你觉得他们不喜欢你，是因为你发脾气了。"

• "我"问题（I questions）——作一个三段论推理，你会认可正确的行为，挑战错误的行为，而不会抱怨问题本身，并且让其成为你自己的问题："当他们误解你的时候……我感到你很生气……因为你很有热情。"

• 有效停顿（Effective pause）——在讲述重要事情的前后即刻使用的有力工具。并且，有效停顿能放缓谈话的节奏，允许你有更多时间进行思考。同时也向对方表明，谈话是个轮流的过程。若对方行为表现不佳，沉默同样可以是一种很好的回应。

• 总结（Summary）——对谈话的要点作一个总结性的回顾，表明你已经把握了谈话的要点和其中的情感。一开始总结，你就应当表明自己的意图，你应该说："我想对我们的谈话作这样一个概括：你很生气，是因为你被误解了，但这是因为你做事情很有热情。"结束的时候说："我理解得正确吗？"

信任

对于任何谈判，信任都是一个至关重要的元素。没有信任，就不可能建立起关系。上述的谈话技巧能帮助你建立起关系，但如果缺乏信任，再好的技巧也是没有用的。信任需要诚实。因此，在谈判中，最重要的一件事情就是不能撒谎。经验表明，再不易相处的人也更愿意接受残酷的事实，而不愿接受委婉的谎言。不过，你在表达残酷事实的时候，还是应该将事实包装一下。其中一个有效的办法就是对他们举一面"事实的镜子"。

例如:"我清楚了,你想让我给你弄一辆车,然后你开着车把人质带走?你站在我的位置上想想,你觉得我会让一个拿着机枪和炸药的人开着车在城里乱窜吗?"以这种方式回应他们的要求,你可以避免对他们说谎话。

谈判中的一致性,也是建立和维持信任与良好关系的重要因素。人们总喜欢他人的行为始终如一,具有可预测性。事实上,有些人总是让人不悦,但都好于那些时而讨人喜欢,时而令人生厌的人。例如,大多数人会觉得自己的老板不是那么有钱没有关系,但如果他前一刻刚欺侮了你,后一刻又马上拉你去喝酒,你就会觉得难以忍受了。

谈判技巧

但是,要守诚信,避免不实,这并不意味着你在谈判的过程中不使用一些手段。但是,如果你要一些完全虚假的手段,那你的谈判就显得太拙劣了。如果对方发现你要手段,虚张声势,你将陷入对自己很不利的处境,同时影响到你与对方的关系。下面是你应该掌握的一些常用技巧。

共同解决问题

在谈判中,如果双方的目标是双赢,双方都有意愿并作出了努力,那解决共同的问题就是最有效的途径。这样做的好处是可以减少谈判中的拉锯状态,尽快地达成一致。在这种状态下，双方都会试图去理解对方所持的异议，用创造性、合作的方式去克服障碍。这样还可以巩固双方的关系，因为在协议达成之前双方的合作就已经开始了。如果谈判的目的是要建立长期的关系，例如雇佣、长期投资或者收购，目标公司的管理团队则需要发挥着巨大作用。如果不以共同解决问题的方法来处理，那可能就无法达成最终的目标。

起始点

正确判断起始点，取决于你准备得有多么充分。你必须对所运作的市场有综合的了解，必须了解你想要购买或销售的类似产品的价格和条款。你还必须确定能接受的最低价格，或是愿意支付的最高价格。如果幸运的话，你会发现对方也非常乐于接受你提出的条件，他们也会对谈判做出积极的回应。是否展开谈判，或者等待对方先出牌，这完全是个人偏好。其中的技巧就是，将开局的这个点抛得比对方的点更远，在谈判拉锯战的过程中会将这个点拉回到双方居中的位置。但是，如果你这个点抛得太远，超出了双方可以接受的范围，那就可能破坏双方的谈判，而使对方退出谈判。

双赢

我最近在中东参与了一个为油田和联合输油管道提供安保的大型合同签署仪式。会议在一家很气派的、全新的海滨酒店举行。尽管周围现代化建筑林立,我们的合作方却穿着传统长袍,着装之舒适让我这个西装革履者很是羡慕。

当听到他们谈判的起始点时,我的不适感陡增。他们的立场太极端了,以致谈判还没开始就好像要画上句号了。他们提出的价格仅仅是我们可接受的价格的四分之一。好在会前我就和同事们讨论过这类偶然事件。对于谈判对手,我们已经做过广泛的调查,并且还和与他们打过交道的人聊过。他们向我们详细地讲述了与那些阿拉伯人的首次会面,以及后来的发展进程,这对我们是极有帮助的。所以,我们也预料到了他们会抛出一个完全不合理的价格。于是,我们准备了充分的材料,证明他们的起始点从商业的角度来说是站不住脚的,这样只会毁了自己的名誉。

因为我们诚实的商业立场,在回应他们的开局时建立起了他们对我们的信任。我们知道,这对于巩固我们之间的关系是有利的。因为他们在商业上也是相当精明的,一眼就能看出自己提出的条件遭到了拒绝。我们最终达成了一个公平交易,双方让步的结果就是彼此都感到在谈判中取得了成功。同时,我们彼此也取得了信任与尊重,建立了牢固的关系。这次谈判之后,我们还合作完成了很多其他的项目。

互惠与让步

一旦确立了起始点，给与取的让步拉锯战就开始了。在你让步的时候不要让得过大，要步步为营，否则会让你先前的出价显得很荒谬。最好能提出一些有条件的让步："如果你把那个给我的话，那么你要的我也给你。"让步要对自己影响小，对对方影响大，这样才能帮助你实现双赢的局面。当然，你不能让对方看出你的让步都是微不足道的，根本不算什么。

据说谈判中有一条金科玉律，就是没有得到，就永远不要让步。一般情况下确实如此，不过有时也可以免费向对方提供一些对他们来说很重要的东西。不要回馈的免费给予，会给对方一种道德上的压力，促使他们在日后的交往中给出一些回报。

重复

和"正好一分钟"（Just a Minute）的文字游戏不同，重复在谈判中是一种有效的策略，能够帮助双方强调重点，降低对方的抵抗情绪。但是，如果重复招致反感，且并没有带来效果的话，就不要再使用了。一件事情反复地说，最终可能会起反作用，引起对方的抗拒。

沉默

当对手提出条件或者建议时完全不给予回应，这是传递信息的一种有力的方式。有时，听到对方的报价不予反应，只是不悦地坐着，还略带苦恼的表情，对方见状也可能很干脆地给你一个更好的报价。如果对方是外向型人格的话,那战术性地保持沉默往往是最有效的。人们通常说,销售者是外向型的,而买家是内向型的。所以对于不够慎重或者经验不足的销售者来说,沉默是他们进行采购时一个非常好的技巧。

没有权限

有时在谈判中,承认自己缺乏权限反倒可以强化你的立场,尤其是时间紧,得尽快结束交易的时候。"对不起,我没这个权限。我得和我的同事/老板/委员会商量一下。"通常,对方就会说:"好啊,没关系。你们商量一下吧。"这就为你提供了机会。你或真或假地同自己人商议一番,然后带着十分遗憾,但又不容更改的立场回到谈判桌前;要么就慷慨地提出看似努力争取得来的让步,以此与对方进行交易。

好警察/坏警察

上文谈到了在谈判中要言行如一,才能赢得他人的信任。但是,有时候也有必要摆出强硬、不理智的姿态,给对方施加一定的压力。要达到这个目的,而又不伤害到双方的关系,有个很经典的做法叫作"好警察/坏警察"。你是位好警察,热情、友善、富有同情心,渴望为两方寻求双赢的途径。让你的一位同事充当谈判中的坏警察,气势逼人,甚至充满恶意。对于同事蛮横的态度,你也可以适时驳回。如果演得成功,则会增进你与对方的关系,让对方看到你在说服同事或上级时遇到的困难以及所作出的努力。

腊肠切片

腊肠切片是在向对方索取让步时向对方暗示，只要他们让步，交易就可以达成。当他们作出让步之后你再提出新的要求，同样也暗示这是对方需要作出的最后让步。以此类推。

为了对付腊肠切片，谈判一开始的时候就向对方索要一份列有所有条款的清单，并将所有条款相互联系起来。如果让步的数量多得让你难以接受，你最好的回应就是，新的让步要求可以考虑，但先前已经作出的让步就不再讨论了。

外部影响者

求助于外部影响者，可能是激起对方交易热情的一个有效手段：

- **权威**——第三方权威的认可是谈判中一个强有力的影响者，例如说："梅·史密斯教授的研究表明，这种食物毫无疑问对猫的牙齿有好处。"
- **社会证明**——人们会受到他们认为与自己很像的群体的影响，例如说："养猫的人十个中有九个都说他们的猫更喜欢这种猫粮，这种猫粮对它们的牙齿健康很有好处。"

竞争的威胁

说出对方的主要竞争对手，这在谈判中也会非常有用："是的，事实上我也在考虑购买/卖给你主要的竞争对手。"或者你也可以在谈话时随意地提到竞争对手的名字，或者将竞争对手的宣传册或者名片"不经意地"夹在你的文件中或放在会议室里，以便让对方看到。

突出稀缺性

现在喊得最多的时髦口号是"先到先得，售完即止"。这个口号传递了产品本身和购买时间两个方面的稀缺性。对于供给确实有限，而且时间尺度也有限的市场来说，这是个有效的手段。但如果并没有什么限制，这样喊一喊只会显得空洞无效。

伪装

为了分散对方对你的"必须有"或者"乐于有"的注意力，你可以用一些"伪装"的技巧。有些东西并不是你想要的，还有些是你知道无法得到的，但你需要先为这些东西做一番努力。经过长时间谈判之后，你叹一口气，说既然对方不愿意作出让步，自己只好退而求其次，要求对方拿出自己真正想要的东西。

问题

在谈判的各阶段改变提问方式，是推进谈判的一个有效手段：

• 开放式问题——在谈判的前期，当你设法阐明观点理解对方立场的时候，开放性问题尤其有效。开放式问题以"为什么""谁""什么""何地""何时""怎么样"这类词语开头，能够引起较为宽泛的回答:"你为什么爬到屋顶上去?"

- **封闭式问题**——通常比开放式问题更加强硬,因为这样的问题需要对方作出"是/不是",或者"正确/错误"的回答。当你想结束一个问题的讨论时,封闭式问题非常有用:"你看到那下面的救护车了吗?"
- **反意疑问**——这是封闭式问题的一种更加微妙的形式,句末附有"不是吗"这样的短语:"到达战场还有很长的路,不是吗?"
- **诱导性问题**——诱导对方作出你想要得到的回答:"在你到这儿来并选择自杀之前,你一定想过别的一些解决方式,对吧?"
- **预设性提问**——看似提出一种选择,实则又缩小选项:"你下来是准备走和上去同样的路吗?"
- **条件性提问**——提供考虑各种选择的机会:"我知道你还没打算下来,但如果你准备下来的话,还会走和上去同样的路吗?"
- **部分同意请求**——帮助对方作出承诺:"答应我,你会选择最安全的路线从屋顶上下来。"

识别购买信号

如果你能发现购买信号,通常就能够加以利用。在谈判中,对方身上出现的购买信号包括:

- 询问许多问题,例如"如果我们这样做了又会怎样?"或者"你觉得你们的这个价格有保证吗?"
- 沉默,要求给点时间考虑或商量。
- 表现出不确信,改变或增加对方的要求。
- 寻求新的让步,例如"我现在需要法律咨询"。或者"如果这方面我答应了,那个方面你们可以保证吗?"
- 抛开冲突与分歧,选择依从或者同意。
- 表现出一些幽默。

"因为"的力量

行为科学家艾伦·兰格(Ellen Langer)和她的同事们决定对"因为"一词的说服力进行试验。在一项研究中,兰格安排一名陌生人走近一名正在排队等待使用复印机的人,对他说:"对不起,我有五页纸需要复印。我可以用一下这台复印机吗?"

面对这样直接的插队请求,百分之六十的人会满足他的要求。但是,如果这名陌生人给自己的请求加上一个理由("我可以用一下这台复印机吗?因为我开会要迟到了,这几页文件很重要"),百分之九十四的人都会答应他的。你可能已经想到了,大多数人面对这种力所能及的请求,都是愿意提供帮助的,这也正是这项研究有意思的地方。在第三回合中,这名陌生人依然使用"因为"一词,但在后面加了一个完全伪造的理由:"我可以用一下复印机吗?因为我要制作副本。"答应他请求的人有百分之九十三。

记得聆听

我教会了女儿们谈判的技巧,也不知道这是好事还是坏事。在这方面,她们已经很有经验了,经常作出一些迫使我让步的请求,我还得保持警惕。现在,就算我在家,也不得不对一些谈判进行深入思考。至少,这会让我随时保持警觉。

希望你也觉得这一章对你是有帮助的。就像我前面所说的,其中一个谈判技巧就是重复,现在,我也要用一用:

在这一章中,如果你只取一件对你交流和谈判有帮助的东西,那一定就是聆听。

在本章最后,我要说说两种文化中两件不同的东西。在美国谚语中,有句话叫:"要善于聆听,否则舌头会把你变成聋子。"我还喜欢汉字中的"聽":

这个汉字的每一部分都是具有启发意义的:

四:眼之意,我认为这与注意力和观察有关

一:统一之意,在我看来,集中注意力是听的关键所在

心:心之意,听的时候进行思考,保持客观

耳:耳

本章精要回顾

掌握谈判中的技巧是非常有用的，尤其是当对方使用这些技巧时，你要能识别出来。但是，最为重要的，还是充分的准备、有效的交流和积极的聆听。没有这三者作为基础，再好的技巧都没有意义。在任何情况下，都不要让这些技巧阻碍了双方对彼此的信任，因为这才是获得双赢的至关重要的因素。

一般来说，谈判准备的充分程度，是与谈判的重要性成正比的。对于一个重要的谈判，需要你和同事去做充分的准备，提炼目标、排演角色、谋划策略，并且研究你的对手。还有必要记住，每一次交流，都是一次潜在的谈判。最重要的是，要积极聆听对方的话。把自己放在他们的位置，通过共情去理解他们为什么要那样说，因为共情将让你获得最好的回应。

第五章　训练自我：进入"涌流"状态

The Secret to Exceptional Leadership and Performance

卓越是一门艺术，需要经过锤炼并形成习惯。我们举止得体并非因为美德或卓越，相反地，因为我们举止得体，所以才拥有美德和卓越。熟能生巧。可见，卓越并非是一种行为，而是一种习惯。

——亚里士多德
（Aristotle）

越练习，越幸运。

——格雷·普雷尔
（Gary Player）

深入敌后·5

"D9的小伙子登上飞机的时候，D8已经坐着路虎开了6个小时。你有没有夜间进入过沙漠？"

"嗯，有过，度假的时候有过几次。"

"那你应该知道，那有多么壮观。沙漠中的光线非常奇妙。满月的时候，你在沙漠中看得非常清楚，只是颜色很单调。苍白的月光带着银色，我知道这样形容很老套，但它的确就是这种颜色。在月光的映照下，其他的一切都变成了白色。所以，D8小分队的小伙子们很容易就找到了要去的地方。有些时候，月亮被云层遮住，要看清目标就要困难些了（不过这是在使用夜视仪之前）；当然，他们也没有开车灯，或者使用其他的照明工具。

"马丁中士坐在第二辆车的后排,旁边坐的是乔迪,他是小分队中的无线电报务员。开车的是另一名新兵柯林。副驾驶上坐的是温斯,他是名老兵了。他们计划每两小时一换。巡逻指挥官通常坐第二辆车,如果遇到伏击也便于应对。汤姆下士坐在第一辆路虎的后排,同车的还有另外三名小伙子。这样,经验相对缺乏的就与经验丰富的搭配在了一起。他们匀速地向前行驶着。开得太快,可能会撞上大岩石,还会扬起巨大的尘土。他们还要再开八个小时,然后找地方隐藏起来。这样他们就能接近导弹发射场雷达,以便在第二天晚上发起行动。他们知道,越接近导弹发射场雷达,周围的人就越多,既有平民,也有军人。所以,隐蔽点离行动区域过近会冒相当大的风险。

"驾驶员密切地注视着仪表盘上的指南针,并保持着方向的稳定。坐在副驾驶上的人也注视着指南针。这倒不是因为他们担心驾驶员开不好;相反,他们彼此都非常信任,只是检查、再检查已成了他们的习惯。有时需要转个急弯,以避开破裂或巨石遍布的路面,或是绕过偶尔出现的沟渠。一旦出现此类情况,前排的两个人都会小心翼翼地核对指南针所指的方向。少许侧方向的行进并不要紧,因为他们是以一个垂直的角度接近导弹发射场雷达的,至于从哪儿发起进攻都没有太大关系。

"车绕来绕去,马丁倒并没有感到沮丧。他对身旁的乔迪说:'如果一直是这样的地形,找一处对方无法发现的隐蔽点是没有问题的。'

"向东驶去,他们能不时地听到飞机投下炸弹的呼啸声,以及对方防空力量偶尔的还击。一旦听到有飞机低空飞行,他们会立刻停下来,以免招来不必要的注意。马丁朝头顶上望了望。'听声音像是自己人。'他说道,也没有针对特定的哪个人。"

"是D9吗?"我问道。

"是的,"弗洛伊德回答道,"但D8并不知道。对于D9的行动,D8并不知情。只需要知道该知道的事情,记得吧?

"那天晚上没有出现什么意外情况,D8按计划进行。凌晨4点左右,马丁和乔迪简单商量了一下,又向前凑到正在开车的柯林身边。'好的,离拂晓还有大约90分钟。该找个隐蔽点了。赶上前面那辆车。'

"柯林加快了速度,追上头一辆'小手指'。两辆车都停了下来。大家进行了简单的交流。

"'先查看一下我们遇到的那条沟渠吧。'

"'左边那一块怎么样?'汤姆指着400米开外一块略微隆起的高地下缘问道,'那儿应该有褶皱带,我们可以藏在那儿。高地是站岗的有利位置。'

"'好主意,汤姆。'没待下命令,柯林就打着方向盘把车开了过去。果然,当他们靠近那条山脊的时候,看见一条崎岖不平的峡谷,峡谷尽头则是数百年前水流从高处流下形成的砂岩。他们在谷底把车停了下来。

"'看起来不错。'马丁说。柯林将路虎调了个头,让车头对着山谷的外面,接着第二辆车也并排停了下来。车上的人都下了车。凯文被选出来执行第一阶段两小时的站岗任务。他爬上高地，在那儿他可以获得360度的开阔视野。另外两人静静地将伪装网撑起来。然后，所有人都躺下休息，武器都放在手边。"

做好最基本的事情

成功的一个关键，就是确保你做好了最基本的事情。所有优秀的人，都能够在压力之下处理好最基本的事情。在部队中，这意味着当遭遇伏击的时候，你能迅速装填弹药，遵循特定的战术，并在逆境中适时作出调整。在运动场上，这意味着当你将要被拦截的时候，能准确地将球分给队友。在商业中，这意味着当面对持怀疑态度的潜在客户时，你能作出有效的回应。甚至可以简单到当你走进房间，参与一场紧张的会议时，你给人留下很好的第一印象——仪表端庄、目不斜视、握手得体。这在最后一章还会谈到。

我在服役早期，刚加入伞兵部队不久，就幸运地被招到艾尔·斯莱特（Al Slater）的麾下。他曾经是我所遇到过的最优秀的战士之一，之所以说他"曾经是"，是因为他遭遇对手的伏击而牺牲了，这让我很痛心。他也是一名优秀的训练教官，对我来说，他就像是我的导师一样。我很欣赏他，因为他总是在命令中推行强硬路线，让他的队伍成为最好的队伍。他总是让我们一遍又一遍地完成简单的任务，直到我们都成为当之无愧的佼佼者。那时，我也显得很不耐烦，总想做完一件事就接着做下一件。艾尔就告诉我，大多数的人都是做完一件事，就急不可耐地想去做下一件。很多时候，高级训练就是让你把简单的事情做到极致。在很多领域，人们都会谈到基本技能，但很少在个人的水平上来定义基本技能，更不要说从团队和组织的角度来考虑了。最基础的事情往往是重复而乏味的，这也解释了为什么人们总是喜欢转而去做一些表面上看起来很有趣的事情。但是，在我所从事的所有领域，做好最基础的事情都是通往卓越之路的第一把钥匙。

健全的精神寓于健全的体魄

当然，要当一名士兵，你的身体是最重要的，你必须拥有健康的身体。搞体育运动也一样。这并不是说你从商、参军、或参加国家橄榄球队都要达到一样的身体素质。但在我看来，想要在商业或者其他领域做得好，都必须要有一个健康的体魄。我并不是让你负重60公斤，沿崎岖的道路跑30英里（约48千米）。但是，你却很有必要拥有一个健康的身体，感觉舒适、充满活力、思维机敏。你的大脑，说到底，也还是一个物质器官。如果体内其他器官工作正常，就能给大脑提供必要的支持。在第一章里，我们探索了内脏对大脑所产生的直接生理影响，例如，大脑通过迷走神经传递应激激素。将大脑和身体看成两个独立的实体是错误的：大脑是身体的一个组成部分，很多影响大脑的物质和影响身体的物质都是相同的。

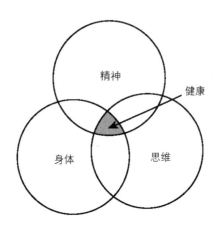

——— 所有一切都是紧密相连的：图中三者必须协同工作，保持平衡 ———

只有意志坚定、态度正确，大脑才能克服身体上的巨大缺陷。在这里我想到了史蒂芬·霍金教授，想到那些为了国家身残志坚的男男女女们的英雄壮举。对这些英雄而言，疼痛时常会困扰着他们，这就需要努力加以克服并战胜病痛。

但是，如果你人为地去制造一些伤痛，那就大可不必了。如果你很幸运，不必花精力去克服身体上的缺陷，那你不必去自作孽了。身体健康的缺失，会将你追求目标的道路变得更加困难。给你的身体、你的大脑加满燃料吧，这样才能使它良好地运转起来。这就像你的车，当它使用高辛烷值的无铅汽油跑得很快的时候，就不要刻意给它加低辛烷值的含铅汽油。照顾好你的身体，然后是你的大脑，给予它必要的休息和放松。锻炼身体和锻炼大脑同等重要，不要偏废了哪一方。如果你的确有身体上的问题，就不要再纠结于哪些事情做不了，你就得多想想你能做哪些事情。

　　拉丁语中有一句谚语，其中包含着巨大的智慧：健全的精神寓于健全的体魄。做好这件事情，是我所说的最重要的基础之一。如果你身体健康、精力充沛，你会很快给你周围的人留下深刻的印象。

该进入压力区了

这是一个冬季的早晨,寒冷刺骨,北风刮过泰晤士河河畔的亨利镇一带的水面。下了一夜的暴雨,河水猛涨,水势汹汹。我坐在河岸边,旁边是奥运会历史上最负盛名,也是最为成功的赛艇俱乐部。利安德赛艇俱乐部是卓绝的代表,是全世界在该领域最好的象征。自1908年以来,该俱乐部获得了一百多枚金牌(不包括2012年奥运会)。墙面上挂着的,满满的全是冠军的照片。对他们来说,获得亚军根本不值一提。我深吸了一口气,让我的思绪平静下来。在过去的27年里,我一直是在部队里度过的,历经了各种冲突。我也即将退伍,转向心理学和行为训练领域,使受训者能在各个不同领域拥有最佳的表现。

今天有幸给奥运会和世界冠军,还有那些志在向他们学习,要发挥出绝佳水平的人们做一场讲座。这是在一种令人生畏的环境中的一次审判的预演,也是一个巨大的机会。

我静静地站着,思索片刻。做这么一件我不太擅长的事,准备也不是十分充分,这么多年来还是第一次。我征询了主教练意见,问我能否先和运动员们一起训练,感受一下他们真正所做的事情。所以,我加入了一支八人赛艇队,和这些伟大的运动员们一起训练。此前我从来没有这样划过。无论我做得多好,都比不上和我在一起的那些运动员。教练将我带进了屋内,从秘书到俱乐部工作人员和管理人员,都一一向我作了介绍。

第五章·训练自我：进入"涌流"状态

俱乐部里充满力量和职业精神的氛围一下子就给我留下了深刻的印象。我一走进健身房，便能感受到那种竞技场上的高效，让人不能有一丝失败的想法。

我那天早上的表现是至关重要的。不知道在这种场合，我对他们来说是否值得信赖，我要给他们做一场关于精英环境和卓绝表现的讲座。"呃……"我心里有点犹豫。当赛艇下水的时候，利安德的一名主教练走到我身旁。他证实七名奥运会赛手加上我，将和另一支很有前途的赛艇队进行比赛，以保证我们具有竞争的实力。"今天不会有任何手软。"他补充道，好像我会另有想法似的！我看见他笑了笑，然后就走了。

"谢谢！"我说道。我思忖了片刻，在教练话语后面又加上了自己内心的声音："你今天必须发挥出最高的水平。"我内心的声音继续说道："今天你不是领导者，但你必须领导你自己。不要多想，干吧；相信你自己。"

该看看我自己在关键时刻的表现了。我脑子里跳过了无数种可能性。如果我犯了错误，他们会怎么看我这位讲精英表现的专家呢？"呃……"我又困惑了起来，然后在心里面笑了，因为我已经知道了答案。我的心跳加快了，注意力也集中在了我要做的事情上。我开始进入心理准备期。内心的声音再次响起："弗洛伊德，看看你到底有多厉害，今天可是个好机会啊。"每当心里有了这样一个想法，我都会感到高兴。因为我的内心并不是在担心失败，而是在告诉我，这是个机会。我们上了船。我坐在中间第五位（是因为这儿最不容易拖全队的后腿吗？）。我的前方是现在的奥运会冠军，身后是未来的奥运会冠军。

我们开始将赛艇驶离河岸。显然，我们这支队伍也不甘输给那些"新手"。他们这样称呼对手，就已经表明了态度。我们有节奏地朝起点划了过去。对方朝我们划过来时也很是兴奋，然后双方又互相开起玩笑来。他们也是多么地想获胜啊！接下来，玩笑声停歇了。两条船并排着，准备出发。

辅助艇上的人给我们讲述了严格的规定，队员们都坐成一条线，并将桨叶插在水中，队伍中一点声响都没有。船向前挪了挪，进入到出发位置。各就各位，我们便奋力将船划了出去。我的双腿拼命向前蹬，双手拼命地划着船桨。我们的船划得很快，划桨的频率也越来越高；我先前在头脑中的计划也开始生效了。我只有一个念头："照着前面的队友那样划，照他的步骤那样做。"在压力之下，我需要做出快速的反应。因此，我必须将自己有意识的想法和顾虑减到最低。

看看我的理论奏效了吗？我的心跳加速，体能和心理都发挥出了最适水准。现在我的脑子里只有一个念头："照着做，弗洛伊德，照着做，别多想。"我的注意力放到了一个正确的位置上：不是未来，不是过去，而就是现在。

最后，我们赢得了比赛。赛后才发现，双手满是血痕。手上先是起的水泡，水泡破裂后就开始流血，直到比赛胜利我们才感觉到疼痛。我能够和奥运会冠军并肩作战，还干得不错。"干得漂亮，弗洛伊德。"教练说道，"看得出你平时还是偶尔划过赛艇的。"现在也没有必要同他说更多,我只是回了一句:"谢谢。"

后来,我的讲座进行得很顺利。我感觉自己的事业有了一个新的起点。在比赛中,我都全神贯注于一件事情——照着队友那样做。我还知道,就算我"失败"了,我也抓住机会做过。

良好的练习

无论你进行何种训练,正确的练习是至关重要的。在练习中,很容易想到去找捷径,以致无法掌握基本技能,从而犯错误。那些接受过良好训练的人,他们经历了一个完美的发展模式——一个循环,因为他们没有走捷径。在商业中也是如此。我最近为一场大型体育赛事做了一次培训,主要确保比赛的安全和商业收益,赛事所有的股东也都齐聚一堂。在接下来的两天中,我们对一些基本的要素条件都逐一进行了测试。参赛的队伍有着不同的文化、经历和愿景,但他们必须学会相互配合,从而提高效率。这些基本的要素条件包括:

- 确定共同的目的(对意向所作的清晰、明确的表述)。
- 确定所期望的工作条件、尺度、文化,以及行为规范。
- 确保我们都明确自己和他人的职责。
- 确保交流、决策和责任都清晰明确并落实到位。
- 确保参与者都乐于协同工作并能遵守相关行为守则。

基本原则到位之后,我们通过创建现场的培训环境,将这些基本要素付诸实施,使各种必要技能都得到解释和训练。一旦人们的各种能力得到展现,整个团队就被置于一个高压环境中。在这种环境下,我们要鉴定他们是否把注意力一直放在确定的愿景上;他们对他人态度如何;他们之间如何交流,如何决策;在他们仍然可能需要帮助的环境下,他们如何作出决策来支持其他组的工作。接下来,我们就针对这些要素进行了测试，并根据各组的表现进行评分。更重要的是，我们还在没有外部支持的测试环境中，将这项测评一直持续了下去。

要将事情做得有效率，你无须多想，而是要学会出于本能地去做，在大脑中建立必要的模板，就像我们在第一章中所说的那样。然后，你可以加快速度，在训练中增大压力，对大脑中所学到的知识技能进行强化。让你的大脑负载，将其置于压力之中，会让你大脑的模板得到强化，从而让你的行为更加本能化。这就意味着，即使在一个有压力的环境下，你也会感到游刃有余，并且还愿意在这种环境下考验和挑战自我。

缺乏训练

根据我的经验，商业活动中的公司和个人一般都没有接受过足够的培训。而且，商务人士接受培训一般也缺乏必要的准备；或者接受过一些培训，却又没有练习的机会。士兵、运动员、音乐家和演员就不同了，他们为了追求卓越，就必须进行不懈地练习。其实，在商业中也理应如此。任何一次会面，都是一次演出，尤其是销售展示或者大会发言。

为了使练习更有效率，而不是在练习犯错，你应该学会用外在的眼光来观察自己。刚开始的时候，你可以寻求教练的帮助，同伴的反馈，或者观看记录自己言行的录像。你一旦了解了自己行为背后的技能，就能够培养出一种自我意识，对自己的行为进行公正的评价。然后，你会感觉到自我意识的存在，并看到这种意识所带来的结果。建议你在手机中保留一段你在工作中将所有好的元素都充分发挥出来的视频，包括技能展示、培训或者上台发言。这会让你看到那些使自己表现卓越的元素，并且时刻提醒自己。

掌控你内心的声音

每个人的内心都在发出声音。如果你真正掌控了内心的声音，你就可以将其变成自我内在的一名强有力的教练。自己头脑中否定的声音，或者两三个对抗的声音，将会播撒下干扰和怀疑的种子。记住：潜意识无法察觉好与坏、对与错，它只做它的主人，也就是你让它做的事。对于想要实现的目标，你应该有个关注点或者愿景。它就像一盏明灯，无论在什么情况下，都能为你指明方向。也就是说，只要有决心，你就能打消心中的疑虑。

你大脑中的声音，来自于你的经验，以及你如何看待自己的经验。我们应该学会利用自己内在的声音，消除经验中那些负面的东西，进而将其转化为优势。第一步，走出恐惧和疑虑，转而将其视作一个机会，看看自己到底能有多好的表现。负面情绪总是会无端地消耗能量。恐惧、怀疑和焦虑对你的正常发挥都是不利的。但是，我们完全有可能将这些负面的感受转化为正面的情绪。例如，你如何看待坐在台下的受众呢？出于本能，尤其是如果你属于内向型性格的话，你会感到紧张，因为台下的人全部都看着你。他们是希望你打出一个好球，演说成功呢，还是希望你忘了台词，演说失败？当然，他们希望你的演说能激起他们的兴趣。他们希望你的演讲是成功的，而不是失败的。他们来这儿，就是给你捧场。要学会对听众充满感激之情，他们是支持你的。

利用压力

我们在第一章讲到，你对环境做出的反应，例如面对听众，是由身体触发的。面对紧张和压力，你的脏器会分泌激素（肾上腺素及去甲肾上腺素）。这些激素会通过迷走神经刺激杏仁核。这些位于你脊柱顶端、爬行动物脑前方的结节决定了你"是打还是跑"。杏仁核将信号传回脏器，脏器又释放更多的激素，就这样循环往复。你的大脑会因此充斥着过量的多巴胺，进而影响你对自己行为的掌控。多巴胺会让你调头逃得更快，或者让你更加猛烈地击打对手，但同时也会影响你的精细运动技能，进而影响你的发挥。

控制你的呼吸，这是让你重新掌控身体和情绪反应的一个绝佳办法。想象一幅轻松的画面。我会想象瀑布从岩石上倾泻而下，然后是一些关键性的词语；接下来，我会缓慢地深呼吸，让自己放松并集中注意力。如果要让自己的身心平静下来，我会配合着呼吸，在心里数上4到8秒。正如你在第一章中所了解的那样，你身体的编码是对你的思维作出的反应。在竞赛或战斗中，你的心跳加速，以使自己进入最好的状态。但是，如果你过于紧张，心跳过快，这就会为你带来负面影响，从而影响你的认知能力。这就需要在心理上有韧性。学会了处理压力，你便能够控制好自己的紧张情绪，使自己在任何情况下都能作出正确的选择。

成功的心理操控

我给你们讲讲另一个女孩儿,我的女儿里安农的故事。她那时大约10岁,一直在练习投篮。一天,她和我的一些战友在同一个体育馆进行训练。我的一位战友(名字略去,省得丢了他的脸)看到了她。这位战友在很多体育项目上都极有天赋,是与我共事的最能干的战友。他以前从未见过里安农,不过他为人友好,自己也有孩子,所以想给她一个挑战。

"来比一个谁先投十分怎么样?"里安农抬头看了看他,然后顽皮地咧嘴一笑。"好吧,比就比,我先投。"她说道。她拿起球,站在投篮的位置。在她的小手中,篮球看起来真的是太大了。她全神贯注,这个动作已经做了成百上千遍了。如果你看了她投篮,你会觉得她根本不用瞄准。她双臂一挥,篮球在空中划过一道弧线,穿过篮圈,连篮筐边都没有碰到。

"不错啊。"我朋友说着,也拿起球站在投篮的位置。

正当他准备投的时候,里安农那稚嫩的声音冒了出来:"我想你现在就是压力投篮了,对吧?"

朋友转过头看着她:"啊?"她给了他一个甜甜的笑。看得出,疑虑已经爬上了他的心头。

他转回身来对准篮圈,仔细瞄准,投球……结果偏了老远。

里安农又以同样的方式,投完了剩下的九个球。而我的朋友一个球都没投中,而且越投越离谱。就在他快要投完的时候,我正好完成了训练,到篮球场上来接里安农。他双手举过头顶鼓起了掌。"我早该想到她是你女儿啊,弗洛伊德!"他一边说,一边装作很绝望的样子。

触发器

我觉得需要有一些强有力的词语作为触发器，一些我绝对相信，并且对我来说有意义的词语，比如勇气、决心、韧性、毅力。如果一个词或者词组确实有意义的话，我在需要的时候便会将它激活。比如说，我要打十八洞，刚才轻击球没打好，现在要将球打上果岭，我需要勇气。果岭是个斜坡，由左向右倾斜。当我击球的时候，我就不能有意识地再去想什么。我已决定要作出勇敢的一击，我知道果岭那片地的位置，也知道这一击非常的困难。我受过这方面的培训，知道现在该如何正确击球。我已经想到了接下来要做的事情，我能看到球已经掉进了球洞。现在要做的，就是将想到的付诸实践。现在要相信自己。如果你让气愤、怀疑、恐惧或者自满的声音占据了你的心灵，那么你的行为也同样会受到影响。

通过这些区域

我将前文所描述的心理状态称为处于"红色区域"（red zone），在这个区域内，我会停止有意识的思考，进而付诸行动。这就是你通过训练所要达到的区域。要到达红色区域，你得先通过另外三个区域。第一个是"白色区域"（white zone），你的大脑会充斥着各种各样的想法，且无法将注意力集中在某个行为上面。当你不需要将注意力集中于某件特定事情上面的时候，你就是处在"白色区域"。第二个是"绿色区域"（green zone），你关注整个事件活动的宏观性，比如整场高尔夫球赛。在这个区域内，有必要激活你大脑中所有与该事件相关的文件。你不应该去想别的事情，以免分散了注意力。第三个区域是"琥珀色区域"（amber zone），你会考虑某个特定球洞的细节、距离，或者你对俱乐部的选择。此刻，你会对大脑中激活的文件进行提炼。然后进入红色区域，你只需要去做。忘掉结果，结果会自己照顾好自己的。你要做的，是你已经做过成百上千遍的事情。相信你自己。

当我在参军的路上，我会想到各种各样的事情：体育、亲情、政治、经济，所有的事情都会在脑海中快速地闪过。但是，一旦进入军营，我想到的就是做一名士兵，以及我现在应当做好的事情。这就意味着我进入了绿色区域，头脑中相关文件已激活，以便对我的需求作出及时的反应。在接下来的琥珀色区域，我集中关注我需要做的细节，我的职责以及实际任务。然后，我进入了红色区域，相信自己，对所有可能发生的事情都能作出正确的反应。

象征的力量

当我在伞兵部队，尤其是后来在特种空勤团的时候，贝雷帽和腰带的颜色就是一个象征，是我成就的一个象征。佩戴这样的装备，总会让我感到巨大的荣耀和自信，因为这象征着我赢取它们所历经的种种困境。一个象征，能帮助你下定决心。我经常在手上或手腕上打上一个红点，时不时地看上一眼。我把这个红点当作一个象征，提醒我要相信自己有能力完成手头的任务。如果制定了时间表,我会用一个沙漏作为提示,提醒自己要注意有限的时间。

板球运动员安迪·福劳尔(Andy Flower)是2012年BBC最佳教练奖获得者,过去常常随身携带一张纸片,上面写着数字"10"。这代表他想要成为全世界第十位最佳板球运动员。实现这一目标之后,他又在一张纸上写下数字"1",代表他想要成为全世界第一的板球运动员。他最后实现了这个目标,而且意义还非同寻常,因为他效力的不是一支世界一流的强队,而是津巴布韦。

付出

不付诸努力,一切都是无法实现的。一些人很有天赋,但是不愿付出努力以获得出色的表现。他们要么不进行有效的练习,要么压根儿都没有为登上大舞台而做好身体和心理上的准备。一些出色的运动员,像拉斐尔·纳达尔(Rafael Nadal)或者罗杰·费德勒(Roger Federer),他们都具有极强的韧性。这不仅仅是因为他们球技一流,还因为他们都做好了准备。在他们身上,心、智、体是高度统一的,所以他们才能够始终如一地追求卓越。训练,就要当作你是在真实的环境中,就要当作现实的生活来认真对待。这样,你才能树立一个信念,相信这是自己成功的机会。你要相信自己完全有能力参加这样的角逐,甚至有能力扭转劣势,赢得胜利。将你的心、智、体,抑或你所有的精粹释放出来的关键是几者的和谐统一,而你就处在几者的中央掌控着这一切。几者高度统一,你的所有行动将无往而不胜。

第五章·训练自我：进入"涌流"状态

当下与改正

要发挥出良好的水平，你必须学会在当下花时间，将你的精力和注意力都完全放在当下的事情上面。我们往往过多地专注于未来，会想"如果我赢了会是怎样？"或者"如果接受这项任务，我会不会成为英雄呢？"这些问题想得太多，你的关注点就会从当下游移出去，你就无法集中注意力，成功的机会也会随之减少。你也可能花太多的时间为过去的事情而担忧。你会想"上次我输了"或者"上次我没有接受任务"。当然，你需要从过去汲取教训。这也是训练时会讲到的。但是，你要么将教训放在行动之前去学习，要么就先放在一边，以用于训练和下次行动的准备。而在你行动的过程中，你必须关注当下。

你以前做得好，表现出自信、勇气、积极性和决心的那些事情，都可以记在心里，从而为自己树立正面的标记。你可以将那些事情"形象化"，记住你看到的、感觉到的、闻到的，以及你听到的。在做那些事情的时候，你肯定也感到过一定程度上的压力。由于大脑的运转机制，这些事情完全有可能清晰地重现出来。这会让你再次感受到你曾经感受过的正面情绪，从而帮助减少你心中的怀疑和犹豫。

在体育训练中，我总会拿出他们状态发挥最好时的一些录像剪辑。我会向他们强调，他们为什么发挥得好，并且告诉他们接下来该做些什么。当然，我每次也会观察他们的弱点，并且帮助他们加以克服，不过这是其次的。最首要的，还是要让他们看到自己的优势。在商业培训中，我总会搞一块成功事迹展示板。一个人从年轻时开始有哪些事情做得好，他有哪些成就，哪些行为，哪些人对他有帮助，我会对这些问题进行分析并找到答案。然后，我会在他的脑海中对这些事件进行回放，帮助他在需要的时候，将其中积极正面的因素提取出来。这个方法对于团队也是适用的。

个人掌控

为了能够控制情绪，你必须记住，所有的情绪都发自你的内心。让你感觉心烦不安的不是别人，不是外在的环境，而是你自己。只有当无法掌控自己，允许外在的影响侵入头脑的时候，你才会感到不安。通过对第一章的阅读，你应该知道，当你让自己感到恐惧或紧张的时候，你的身体会有怎样的变化。你的大脑和身体通过基本的生理途径而相互影响。这一切都发生在你自己身上，与他人无关。想要自控，你必须永远记住：这取决于你自己，而不是他人或外在事物。这是一个内在的，而非外在的问题。你在练习的时候，做得不好总会造成一定的后果。通过施加一定的压力，产生一些真实的威胁，会使得练习更加有效。在体育运动中，那些无法完成任务，或者在特定挑战中垫底的人，可能得接受额外的技能培训或体能训练。在商业培训中，我会让团队去完成一项额外的任务或陈述，从而给他们施加适当的压力，以提高他们的执行能力。这些手段不是惩罚，只是事先给他们增加额外的压力。

拳击手的智慧

在部队的时候,我经常打拳击。这可能是我最喜爱的运动,因为我觉得和其他运动相比,拳击在体格和耐力方面有更高的要求。记得有一次我代表英国警方参加拳击比赛(原因就说来话长!),对手是英国皇家空军。我们专程赶到他们位于威尔士圣雅典的空军基地。

到了那儿之后,我才被告知,在我这个重量级上没有人和我比赛。我感到非常失望。要知道,到这儿来有200多英里(约320千米)的路。好在他们队里有一位很聪明的年长教官,名叫弗雷德·迈克格林,我们相识已有好些年了。他走过来对我说:"弗洛伊德,我想你会满意的。虽然没有人在你这个重量级上,但他们还是为你安排了一位对手。他是个大块头,超重量级的,不过以前比他还重的也见你打过。要不要和他较量较量?"我想和他打吗?当然。"是的,那是一定的。"我说道,并且为不虚此行兴奋不已。我以前也和超重量级的打过。他们一般都会超重2~3英石(约13~19公斤)。这额外的重量将会让他们成为难以对付的对手。我赶紧到更衣间换装。我的父亲和祖父都是拳击手。这也是我最喜爱的体育项目。作为重量级拳击手,我还没有被打败过。

从更衣间出来,我参加了他们的欢迎仪式。我们走进拳击场,列队与皇家空军队面对面站立。第一次,面对上千名观众,我看到了我的对手。他身材高大,魁梧且硬朗,就像是一棵热带的柚木树。他比我高4英寸(约10厘米),看上去正处在巅峰状态。他的身上没有一丁点儿多余的脂肪。他的肌肉块很大，轮廓分明，看起来就像是电影《洛奇》（Rocky）中的杀手。他应该是我所见过的最高大的人。

当我离开拳击场时，我能感觉到面颊上有血液在流淌。我让一名队友去拿那个大块头的拳击赛资料，想看看他到底有多么优秀。情况不容乐观：25次参赛，无战败记录，12次是在攻击区域内获胜。这家伙是联合作战部队超重量级的冠军。"他到底在皇家空军做什么？"我暗自想着，"可能只有'大力神'飞机才载得动他。""谢了。"我紧张地低语了一句，便漫步走向更衣间的另一侧，为我自己感到惋惜。我的自信在慢慢消退，我的身体也开始感到紧张。我是感冒了吗？我想着，看了看扁桃体是不是已经肿起来了。我的大脑开始想到了其他的人——我的家人和朋友。如果我被打败，他们会说些什么呢？因为我只想到负面的东西，大脑中被激活的都是一些错误的文件，这对我的身体也产生了负面的影响，到头来一点帮助也没有。

弗雷德选定了其他队员之后，便穿过更衣室朝我走了过来。他低声问道："怎么了？你没事吧？"

"我看了他的档案记录。我觉得我这次会输得很惨。"

弗雷德点了点头，停顿了片刻。"你为什么打拳击呢，弗洛伊德？"他问我。我想了想说："想看看我能做得有多好。"

"好，那就对了。那今晚你就可以看看自己到底有多好了。"弗雷德又顿了顿，他的话让我思索良久。"让我们看看你以前都取得过一些什么样的成绩。"

他把我以前与强劲对手的屡次交锋又回顾了一遍。又让我想了想我付出那么多时间所接受的训练。然后，他又指出，今天的赛场是符合我风格的，我有我的优势。他让我专心想想比赛计划，还谈了打好此战的一些基本训练，以及我所需要的勇气。

"毫无疑问，他是一个很强悍的对手，是一个真正的挑战。打完比赛，你才知道你到底有多好。感觉有点紧张是正常的，这说明你身体在应对危险时已经活跃起来了，并且准备作出反应。试图躲避是没有意义的，要正视并努力去赢取胜利。既然你承认有困难，那就应该集中精力思考应该如何克服困难。"

听了他的这一席话，我的思想又与身体同步了，宛如一支真正的团队。我的确想看看我到底能够做得有多好。刚才那些负面的想法，让我分散了注意力，真是不应该啊。我深吸几口气，让自己集中精神。听到裁判喊："助手退场，第一回合！"我便做好准备。现在我就是处于红色区域，相信自己知道该怎么办。

这是我拳击生涯中所遇到的最艰难的一场比赛。但三个回合下来，他并没把我击倒，而且裁判一致认定我得分获胜。

回顾我的拳击生涯，我清楚地看到，我失败的原因都是因为我思想上的准备还不够充分。

红色角落,红色区域,准备

进入"涌流"

训练和准备的最终目的,就是将你的心智和身体带入一种最佳的工作状态。从这儿,距离进入"涌流"只有一小步。"涌流"这个概念最早是由心理学家米哈里·契克森米哈(Mihály Csíkszentmihályi)提出的。契克森米哈一生中花费很多时间都在研究"最佳体验"(optimal experience),并为此写过大量的著作。他于1990年出版的《涌流》(*Flow*)一书,对其研究成果作了最清晰易懂的阐释。

按照契克森米哈的说法,"涌流"是人们在行动中的心理状态。在这种心理状态下,一个人会完全专注于一个焦点,完全投入并集中关注活动的过程。他之所以将其称之为"涌流",是因为参与研究的人经常这样描述自身的感觉:"感觉是在漂似的",或者"涌流载着我向前奔"。所以,"涌流"是注意力完全集中的一种推动力,是一心一意地沉浸于某种活动当中,是你在学习和工作中控制情绪的最高表现。在"涌流"中,我们对自身情绪不再只是克制和挑战;情绪也充满了正能量,与你手头的工作协调一致。"涌流"不仅意味着你会有更好的表现,还意味着你会从所做的事情中获得更多的乐趣。当你处于"涌流"中时,你会倍感舒适,也能发挥出最大潜力;你的心志、身体和自我信念都会完美地结合在一起,从而发挥出最佳工作状态。"涌流"的标志,就是在执行一件任务时,有一种自发的愉悦感。

在书中,契克森米哈研究了人们什么时候能发挥最佳状态,并且获得最大满意度。其目的就是要确认实现涌流的必要组成部分。他的研究,不仅包括了那些显而易见的案例,例如像运动员或音乐家,还包括那些在日常生活中看起来非常枯燥的工作。

努力

"涌流"的第一个要求就是努力。"涌流"带给你的感知之一,就是你会觉得做起来非常容易。但事实上,这需要你付出很多的努力。"涌流"不像其他一些快乐,是消极获取的,比如说晒晒太阳,或者随意地看看电视;从"涌流"中得到的快乐是积极的,更高层次的。畅饮一杯,会为你带来快乐;仔细品尝一下酒的味道,甄别一下不同的口感,看看原材料是哪种葡萄,产自哪里,都会带给你不同层面的积极的愉悦,而其中就有潜在的"涌流"。

注意力集中

第二个要求是注意力集中。当你的大脑没有集中注意力而处于闲散状态时,各种各样的想法就会像泡沫一样浮出水面。根据大脑的工作原理,那些在紧张状况下所形成的记忆会首先浮出水面,成为让你焦虑和忧心的事情,比如那些你应当做而没有完成的事情。一种闲散的精神状态通常是没有愉悦可言的。一些消极的活动,例如随意看看电视也能带来快乐,其原因就是看电视能转移你的焦虑和忧心,进而将一种秩序感带入大脑。但是,更高级的秩序,以及更高级的积极的愉悦,都需要深层次地集中注意力。在这种状态下,你的思维、意图、情感和知觉都是朝着一个方向涌动的。

挑战与技能的平衡

第三个要求,就是要达到挑战和技能间的平衡。如果你感到没有足够的能力来完成手头的任务,那么很可能会感到焦虑。但是,如果你的能力很强,而工作又太简单,你也可能因为感到枯燥而发挥不出最佳水平。你如果能意识到这种平衡性的存在,做到使自己既不感到焦虑,又不感到枯燥,水平就能最大限度地发挥出来。在我看来,要实现这种平衡,你要做的不是在训练中有所克制,让自己的技能水平得不到充分的发挥;相反,你应当不断步入压力区,让自己得到延展,从而不断提高技能水平,也不失固有的兴趣爱好。我们总是有可能将事情做得更好。由于"涌流"的状态是令人愉悦的,所以这也是我们训练和提升过程中的一个动机性要素。待在"努力真空"(effort vacuum),你是无法感受到"涌流"的;迈进"压力区",提升自己,你才能感受到"涌流"的存在。没有持续的提升,就无法保持精英状态;要保持精英状态,不断感受"涌流"的存在,你就必须做得更好。

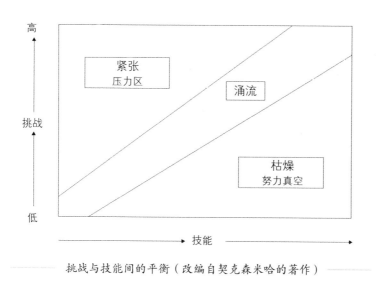

挑战与技能间的平衡(改编自契克森米哈的著作)

目标

第四个要求,你的行动要有一个清晰的目标。当然,这个目标必须在合理的水平上,在压力区与努力真空之间保持一种平衡。例如赛跑,目标就是要赢得比赛。但是,如果对手太强,你的目标就只能是比上次跑得好,或完成比赛。再例如打网球,你也想要在比赛中获胜。但是，如果对手太弱，不足以衡量你应有的水平，那你的目标就要有所改变了——努力避免发球双误，或者多用用你还不是最为擅长的一些打法。在商务会谈中，你同样也需要有明确的目标——完成交易、谈判达成一致，或有所推进。

反馈和衡量

第五个要求，你需要一些衡量手段，以衡量自己到底做得有多好。在竞赛项目中，这可能就是你往返一次所需的时间，或者你的名次。在网球比赛中，这可能就是你的得分，或者你发球双误的次数，以及打出你想要的球的次数。如果你是一名演员、音乐家或演说家，在表演结束时，你也肯定会看看观众的掌声够不够热烈；甚至在表演的过程中，你也会注意观众给你的种种反馈，例如他们是否笑了，他们是否在专心地听或专心地看。在商务会谈中，你同样也会根据对方的话语和肢体语言，衡量对方所作的种种反馈。

值得一提的是，一些日常生活中的事情，一旦有了目标，也可能成为潜在的"涌流"——在生产线上，可能比以前多焊接几块线路板，或者在一定时间内，能够往信封里多装几封信。

目标统一

当你处于"涌流"中时，你不会感到自己与正在体验的事件是相互割裂的。相反，你会觉得同自己的行为就是一个整体。

你能理解每一个时刻，因为你已经预先构建了你的目标和计划，并且对其中的每个环节都做过仔细的考虑。同时，你还能及时地进行调整，因为你会对反馈作出反应。由于目标明确、心智专一，你不仅可以从微观上把握细节，还能从宏观上把握战略意图。所有的因素你都会从正面加以看待。在"涌流"中，你会有一种完全掌握局势的感觉，相信自己不会出现任何失误。更不会感到缺乏自信或者有任何担忧。

"涌流"中的时间流逝

保持专注，数小时处于"涌流"之中是完全有可能的。整个过程就会成为一个良性的循环。时间也会呈现出另一个维度。在"涌流"之中的人常常忘记了时间的存在。在一些体育活动中，你会感到时间仿佛变慢了，而你也有充足的时间作决定或完成某个动作。或者，一个花费几小时才完成的事情，你会觉得只是在一瞬间。在"涌流"中，时间会呈现出电视剧《神秘博士》（*Doctor Who*）中的状态。如果你处于"涌流"之中，最大限度地发挥出潜能，你将会拥有长时间的幸福感。

为什么"涌流"中的时间会有弹性呢？这是因为大脑一次只能处理一定量的信息。如果你全神贯注于"涌流"之中的活动，你的大脑便会专心处理这一信息，而对于时间流逝这样的信息也就无暇顾及了。

是我在飞逝，而不是时间

负面情绪

如果你为负面情绪所扰，便无法进入"涌流"状态。烦闷、恐惧、嫉妒、焦虑和紧张都是"涌流"的大敌。所以，在学习进入"涌流"状态的过程中，一项很重要的内容就是要让自己内心意志坚韧，从而驱散心中的那些恶魔。

第一步，是要承认那些负面的情绪的确是存在的。你必须学会应对它们。即使不去想它们，它们也会在不经意间蹦出来，无视它们就好。在第一章中，我们讨论了大脑的内在机制，以及如何利用自己的头脑，从而完全掌控自己的身体。所以第二步就是要知道，那些负面情绪的影响都是些物理、化学反应，是完全可以控制的。

将其转化为你的优势则是第三步。如果我面对挑战时感到紧张，我是欣然接受的，因为这种紧张感说明我的身体在做出应对的准备。但是，我绝对不允许那种紧张感阻碍了思考的能力。我会提醒自己，面对挑战，我是接受过训练的，做过练习的，并且是做好了准备的。我知道自己已经做好了准备，而且我内心的声音会不断地提醒自己。只要不让负面情绪所产生的化学物质冲走我大脑中的理智，当面对对手在某些特定领域处于谋略上的优势时，我还可以随时调整我的计划。我也会确保想要实现的蓝图和构想都牢牢地根植于我的大脑中。我还会提醒自己，只要尽到最大的努力，就不会有失败。

如何进入"涌流"

让我来总结一下如何才能顺利进入"涌流"状态：

1. 要学会尽可能多地进入压力区。将任何挑战都视作是积累经验的机会。珍惜能将自己的潜能最大限度发挥出来的机会。

2. 记住，阻碍你进入"涌流"的最大障碍永远都是你自己。不要在乎他人的眼光；不要让他人的怀疑或否定入驻你的大脑。只相信自己。

3. 根据自己的角色，设定明确和现实的目标，在训练和准备过程中尤其如此。接收各种反馈信息，并加以建设性的利用。同时也听听你自己身体的反馈信息。自己的身体还健康吗？食物和水的摄入充足吗？

4. 对你所做的事情，一定要全神贯注。不要让对手的所作所为分散了你的注意力。不要与周围的环境作对，或者因为环境而懈怠，环境对每个人而言都是一样的。

5. 专注过程，将注意力放在当下。换句话说，就是不要管结果如何，只需要把注意力放在你正在做的事情上面。不要让负面的想法侵蚀了你的大脑，而要专注于正面的想法。不要老想着掌控时间。因为一旦进入"涌流"，时间的加速或放缓，自会根据你个人的需要调整的。

6. 有效、准确的反馈非常有必要。你需要找到自己的弱点，从而加以改进。

7. 这也可能是最重要的，就是所做的事情是自己真正乐于做的。乐于做，才能让你的创造力得到释放。乐于做，才能让"涌流"成为一个良性循环。

"涌流"掌控

你可以通过训练掌控"涌流"。一项技能，你练得越多，在极端压力下做起来就越容易。你在压力下做得越多，就会变得越优秀，而且还可能更优秀。要成为精英，保持一种卓越的状态，利用和掌控好"涌流"是至关重要的。

有一次，在我经历了很艰难的一天之后，有人问我为什么要做某样决定，并且为什么要这样做。我稍作停顿，然后回答了他的问题。我意识到我那天所做的全都出自于我的本能。做事情的时候，我并不需要进行有意识的思考，但是我能及时地根据情况作出决策并进行调整。那艰难的一天进展得也很顺利,我那天的状态也非常好。我意识到当时自己就是处于"涌流"之中,这是一种很神奇的状态,在这种状态下你是不会犯错误的。

本章精要回顾

基础训练和细致的练习是一个漫长而枯燥的过程。但对于体会辉煌而令人兴奋的"涌流"而言,这个付出其实是微不足道的。如果你曾取得过杰出的成就,并体验过"涌流"的存在,你就不会再质疑基础训练的价值和意义了。你就会明白,基础训练是值得付出的代价。

无论你做什么,不管是从事体育、音乐、绘画,还是入伍或经商,都需要进行基础训练,使之成为你的本能。如果你训练不好,老犯错误,或者在训练中一带而过,那你的努力就没有效果。

只要你内心坚信自己已经掌握了基本技能,并且能够本能地加以熟练运用,你的思想也会变得坚定,而这正是你的卓越表现所必需的。思想上的坚定会反馈到内心,从而塑造一种自信,这种自信会让你的思想更加坚定,这就是一个良性循环。但是,如果内心深处并不确信自己是否真正掌握了基本技能,内心本身都还在怀疑自己是否走了捷径或是一带而过,那良性循环也会变成恶性循环。

告诉自己,在做一件事的时候,要将注意力完全放在当下。对进入"涌流"的各种要素要有充分的理解,在紧张和枯燥之间寻求一种平衡。在这个过程中,你会让自己走得更远,并且不断接受新的挑战。一旦工作变得容易了,你就得再次步入压力区。经过这样的过程,无论你从事什么工作,都会从中获得最大的乐趣。

第六章 作为团队成员的你

除非你学会了如何服从，否则你不可能成为一个领导者，并且让他人服从你。

——山姆·雷伯恩
（Sam Rayburn）

深入敌后·6

"结果，D8小分队安全地蹲下来了吧？那D9小分队呢？"

"是的，"弗洛伊德咧嘴一笑，"不过我觉得军事上好像没有'蹲下'一说。"

他接着说："不过没关系，我给你讲讲三角洲九号的事情吧。

"如果你还记得的话，D9分成了两个小队。吉姆和比利、奇科，还有斯图往北朝指定区域进行搜索。他们只带了人字架背包，装着三天的食物和水。"

我插话了："还有他们腰间的装备呢。你从来都没有把它们拿下来过。"弗洛伊德咧嘴一笑："这点你算学到了。然后是军衔仅次于吉姆的斯坦，和弗莱彻、埃文，还有格斯一起守卫剩余的物资装备，其中就包括他们仅有的一部远程电台。如果你还记得的话，D9为了精简装备，只带了一部远程电台。吉姆他们还带了一部低功率巡逻电台，但这样的电台覆盖范围只有几千米。所以，事实上，两组人员将会暂时失去联系。

"他们找到的隐蔽点也不理想。干涸的河床显得过于开阔了。天气也变得很恶劣,整个河床简直就成了一条风道。斯坦安排弗莱彻到地面值第一班岗,自己则准备和格斯、埃文休息一会儿。格斯这时的冷嘲热讽真让他有些难以招架。

"'你和吉姆把这个计划搞得乱七八糟的。'

"'是,我知道。对不起。我真的感觉很沮丧。我知道斯图以前在沙漠里待过,他也跟我说过沙漠里极端严寒的天气。他还读过很多书,他说过探险家在沙漠里遇到过这类天气。我是觉得吉姆没有把斯图所掌握的知识考虑进去,听听他的想法。所以我也很沮丧。我知道,像斯图那样文静的人要说出点什么来也确实不容易。要是他说了,我们现在的处境就要好得多了。'

"'我觉得你也要为此事负点责任。说话还是要冷静、慎重些,不要动不动就发脾气。'

"'我知道了。我不是已经道过歉了吗?'

"吉姆他们向北走了几千米。要是他能听见刚才两人的对话,倒可能真希望能让耳朵热辣辣的,因为他们已经快冻僵了。风中夹着雨雪,横扫过沙漠高地,几乎是迎面打在他们的脸上。现在的问题是,尽管冷得要命,但如果带着三四十公斤的物品,你仍然是大汗淋漓。所以,只要一停下来,冰凉的汗水会寒透你的骨髓,耗噬你的体能和士气。

"能见度也越来越差。几个人在夜色中行进着,似乎根本就没有尽头。地形时而长且开阔,时而短且沟壑密布。在必要的时候，他们会约定一个紧急会合点（emergency rendezvous，简称ERV），以防遭遇对手，被打散之后还能重新集合。最后，他们走出一片崎岖的区域，眼前出现一个缓坡。走下缓坡，即便是在雨雪之中，他们也能看见几盏车灯大致沿东西方向从他们面前划过。

"吉姆咧开嘴笑了：'导弹发射场雷达。总算快到了。'

"'顺着这条山脊，应该有一些不错的隐蔽点。'

"'稍微喘口气，然后返回。明晚把东西都搬过来，然后就开始干活了。'

"吉姆、奇科、比利，还有斯图在大约黎明的时候与其他四个人会合了。由于恶劣的天气，D9小分队的队员又度过了艰难的一天。下午过半，雨雪停了，能见度有所提高，气温也略有上升。不过他们都已经湿透了，略微好转的天气对他们并没有太大的帮助。他们都等待着夜间的行动，也好趁此暖暖身子。

"天一黑，他们就朝着吉姆前一夜确定的方位动身了。和到达沙漠的第一夜一样，他们靠接力的方式搬运着沉重的物资。刚开始他们还对好转的天气表示了感激，但现在却又担忧起来。天气变得晴朗，月光把沙漠照得宛如白昼一般。D9的队员们不安地走在漫长的平原地带，不得不依靠隆起的山脊作为掩护。他们知道，背负着沉重的包裹，要想迅速隐蔽起来是不太可能的。但是，他们最担心的事情还是发生了：就在深入一块平坦区域几千米之后，他们听到远处有几辆汽车的声音。声音越来越大，似乎正朝着他们驶过来。最后，车辆映入了他们的眼帘：打头的是一辆吉普，后面跟着两辆有篷的卡车，从轮廓上看是某种类型的导弹发射装置，再后面又是一辆卡车和一辆吉普。

"'隐蔽，'吉姆嘘了一声，'放他们过去。如果让他们发现我们并停了车，那就立刻开火，然后撤退。除了电台，其他重型装备都通通留下，到上一个紧急会合点集合。'

"在这片毫无特征的沙漠中，D9尽可能将自己的目标缩小，一双双眼睛都盯着对方护卫队车辆的方向。照现在的行进路线，车辆将从离他们20码（约18米）远的地方驶过，不被对方发现似乎不太可能。每个人都下意识地屏住了呼吸，车辆刚驶过一半就停了下来，他们听见有人用外国话下达了命令，然后两个人就从头一辆吉普车上跳了出来。

"吉姆不再等了。D9的人先开了火。对方突然遇袭，惊呼声响成一片，但马上被枪声掩盖了。两辆货车被手榴弹炸得动弹不得。对方像是被捅了马蜂窝似的，一下子涌了上来。D9 4人掩护，4人撤退地交替着，朝1000米外的山脊跑去。后一辆吉普车紧追不放，上面架着的机枪在夜色中吐着长长的火舌。队员们一阵齐射，让吉普车停了下来。在这之后，开车的也更加谨慎了，并且总是与D9的队员保持一段距离。

"到达紧急会合点，D9重新集合。'得想想天亮之后，他们再来找我们该怎么办。我们要尽可能向南走。埃文，发信号请求在降落点紧急接人。'

"面对吉姆的要求，埃文冷峻地摇了摇头：'刚才枪战的时

候,电台挨了一枪,砸到了我的脚上。我想电台救了我一命,但接下来我们就很不好办了。'

"'是啊。那我们就一直向南走,走到那边再做决定吧。'"

为什么要做团队中的一员

在第一章中,我在解释大脑奇妙运转机制的时候,可能还遗漏了一个重点。不过晚讲总要胜于不讲,所以在此我还是说一说吧。人类的大脑为什么要以爬行动物脑为起点开始进化,在外面包裹一层古哺乳动物脑,使人类具有社会行为,然后再包裹一层更加进化的新哺乳动物脑呢?我们为什么以这样的方式进化呢?

进化即适者生存。我们的大脑之所以这样进化,其主要原因在于:如果我们拥有与自己种群成员协同工作的情感和社交技能,换句话说,就是团队协作的技能,我们生存和发展的机会就会更大。团队协作的意义在于,作为团队的一员,你可以取得比单干更大的成就。让我从更自私的角度来解释一下吧。在团队中工作,你作为团队中的一员,可以为自己取得更大的成就,这是靠自己单干所不能相比的。因此,团队工作中就会有一个固有的悖论:在团队中工作,你的出发点是利己的;但是,为了从团队工作中创造出最大的利益,你又必须是无私的,将自私化入更大的团队利益中去。这个固有的悖论也解释了为什么团队协作需要培训和练习。但是，为了团队的协作，我们的付出是值得的。受利己思想的启发，才能产生好的团队协作。

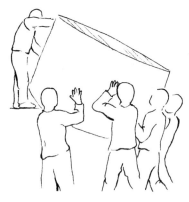

好的团队将帮助你提升自我

生，还是死

在部队中，一个团队能否有效运转，关系着其中成员的生死。这里的生死，不是在打比方，而是真真切切的。在这样的团队中，一个成员的疏忽关系到的不仅仅是其个人的生死问题，还关系到整个团队的安危。这就是为什么要花大量的时间进行训练，以确保军队能正确地履行职责。

正如第五章中所明确指出的那样，很多的军事训练，都是针对明确的任务展开的。对于体育竞技场和董事会会议来说，学会如何使用阿玛利特自动步枪倒确实没有必要。但是，正如

第五章中所说，我希望军事训练的原则对于其他行业在其他任何环境下也是适用的。其中就包括团队协作。和战场或运动场相比，办公室的情况或许没有那么极端，但却可能更加复杂。要在战场或运动场上获胜，所需的团队技能是狭义而深入的；但办公室所需的技能却要宽泛得多。不管怎样，一个成功团队背后的原则总是相同的。

精英团队的四个要素

铸造一支伟大的团队，有四个必要的元素。一个精英团队的成员，需要具备以下四种能力：

1. 相互信任。
2. 以建设性的方式表达不同意见。
3. 团队至上，尽管有不同意见，但仍然接受和支持团队的决定，并且将成功视作团队而非个人的成功。
4. 对于团队成员的错误与不足，要令其承担起相应的责任。

帕特里克·兰西奥尼（Patrick Lencioni）在他传奇式的著作《团队协作的五大障碍》（*The Five Dysfunctions of a Team*）中，看到了团队协作的另一面，并提出了5个会削弱团队实力的问题。我之所以称之为"传奇式的"著作，是因为书中四分之三的内容都是具有现实意义的故事。书中讲述了一家技术公司面临团队协作出现障碍，并最终被打垮的故事。兰西奥尼将5类协作障碍以金字塔的形式展示出来。

兰西奥尼模型：团队协作的五大障碍

我则更想说说一个团队所需的正面要素。我理想中的团队应该是一个圆，在这个圆里面，各种要素都相互影响和加强。这是一个良性循环，而不是恶性的。圆是展现这个循环最完美的形态。这个圆，我将其称为"精英团队行为圆环"（Circle of Elite Team Behavior）。见下图。

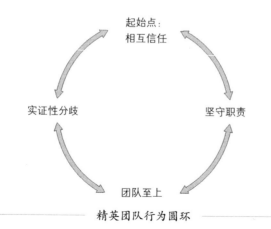

精英团队行为圆环

下面我将详细阐述圆上各点。

起始点：相互信任

一个团队的相互信任，我指的是成员之间在情感上要相信对方。他们都愿意彼此真诚相待，而不用摆出一副虚假的面孔来保护自己。对于自己的弱点、错误、恐惧和各种行为，他们能够相互坦诚，而不会感到像是被揭了伤疤一样。因为他们知道，与其让同伴发现自己的不足，倒不如自己说出来。这样，你来我往，大家都可以坦诚相见了。以这样的方式，他们可以毫无戒备地与他人相处，而且不用加任何过滤。在一个相互信任的团队里，成员都会公开地承认自己的错误和不足，并且会因为自己的过错而主动道歉。因为他们能看到自己的弱点和他人的长处，所以在必要的时候，他们会毫不犹豫地向他人寻求帮助。一个团队如果相互信任的话，其中的一个典型特征就是他们在工作之余还会以轻松、友好的方式谈论各自的信仰和生活。

要建立相互间的这种信任并不容易。在很多的工作中，我们都习惯和他人竞争，所以我们会花很多精力去玩政治游戏，让我们自己在同伴面前，尤其是在上级面前有更好的表现。所以，面对激烈的竞争，要想让自己不去那么做，把自己的缺点都展现出来，确实是违背大多数人意愿的事情。但是，如果一个团队中的成员能够将这份精力发挥出来，用以实现团队共同的目标，那我们整个团队都将为此而受益。作为团队的领导，此刻也扮演着重要的角色。他必须为团队营造正确的文化氛围，保证相互信任能得到应有的回报。关于相互信任的问题，下一章将作更详尽的论述。

对于一个精英团队，相互信任是一个必要的起始点。

实证性分歧

拥有了相互信任，还并不意味着一个团队的观点总能协同一致。事实上，成员之间的观点会很不一致。相互信任意味着团队的成员能够，也应当将各自的不同观点表达出来。坦诚、开放的讨论，对于一个团队的成功是极为重要的。因为只有相互信任，讨论才会热烈，才会没有相互间的猜忌和戒备。这样的讨论才能真正激发成员的兴趣而变得有意义，团队会议才会变得热烈起来，而不是时时小心谨慎、平淡乏味。团队成员之间一旦建立起真正的信任，便会毫不犹豫地对彼此的观点提出挑战和质疑，不过这都是本着寻求最佳解决方案的精神进行的。

如果没有建立这样的信任，成员在遇到问题时便会畏缩不前。他们私底下肯定也会有不同意见，但他们对自己的真实想法则会有所保留。结果，问题无法得到解决，还会进一步溃烂、激化，最终毒害了整个团队。就算问题没有当面提出，人们也一样会在背地里说长道短。这样只会把事情搞得更加糟糕。

团队的成员能够质疑他人的结论，彼此间能够经得住挑战和考验，唯有如此，方能形成一支真正优秀的团队。在出现分歧的时候，拥有相互信任的团队会共同面对并解决问题，然后再继续前进，以确保问题得到了解决而没有被忽视。智力刚性保证了强有力的决策制定，一个高效的团队智慧最可能催生智力刚性。

为了保证分歧的实证性，团队成员间应相互尊重，将分歧融入个人差异是不允许的。讨论只能围绕原则和观点进行，在智力的层面上展开，决不能搞人身攻击。在一个相互信任的团队中，成员之间是不应该有人身攻击的。但这并不妨碍他们之间存在热情、激烈且无拘无束的争论。

有时，缺乏时间会成为不对重要问题进行论辩的借口。一些会议本身是在针对问题进行细致的研究，但有人会认为这是浪费时间，觉得应该将精力更多地用在行动上。事实上，从中长期来看，问题得到妥善处理，会节省大量的时间和精力。

在团队举行会议时，一些成员持有不同意见而并未发言，但因此忽略了他们则是一个很大的错误。所以，最好的方法还是将问题摆到桌面上来解决，而不是藏着或掖着。在一个缺乏信任的团队中，如果有人提出了与其他成员不同的观点，他会被视作一个破坏性的麻烦制造者。相反，在一个相互信任的团队中，表达不同观点这一举动则会被看作是迈向问题解决的建设性步伐。

关于团队领导者的角色将在下一章作深入的探讨。不过此处，在讨论已经进行得很充分的情况下，领导者有责任对讨论进行总结，并对前进的方向予以肯定。尽管信息并不一定是完备的，但一个团队必须要有决策。在这一点上，团队成员都必须服从团队的决策。

团队至上

这是精英团队行为圆环的第三个节点。这一点意味着团队的成员要为了共同的目标付诸实践,并且将这一目标放在首位。也就是说,无论团队成员在讨论中是否赞同某一行动,但这一行动一旦上升为团队的决议之后,都必须为此付诸实践,以实现团队共同的目标。所以,衡量成功与否,要看团队是否实现其共同的目标,而不是看团队成员的个人表现有多好。一个相互信任的团队,经过毫无保留的实证性分歧和讨论之后,其团队成员更容易全力支持共同作出的决定,虽然刚开始的时候也会有不一致的个人意见。这就是由于所有的意见都拿到桌面上来加以考虑。每个人都得到了发言的机会,每个人的观点都得到了组内其他人的尊重。会议之后,所有人对决定都是清楚的,并且相信每个人都会为此而付出努力。

共识有时会被当作承诺,但事实上,它却是承诺的一个大敌。共同的决定很少是正确的,在多数情况下,没有人对共同的决定是完全满意的,因为它是所有人意见的一个折中。在一个相互信任的团队中,尽管并不是所有人都完全赞同团队的决定,但他们能够在决定面前拧成一股绳。如果进行了适当的讨论,听取并考虑了所有人的意见,那共同确定的方向虽然有可能并不是每个人的首选,但还是容易被大家所接受。

希望获得确定性,这是决策和承诺的又一大障碍。对一个决定的正确性有绝对的把握通常是不可能的。有时,信息并不全面,必须要做出某些假设。大多数的决定都是前瞻性的,那个能够清晰预测未来的水晶球并不存在。精英团队都明白，讨论最好是要能做出一个清晰的决策，坚持下去，而不是寄希望于下次会议。如果决定是错误的，也能够及时进行修正，而不是相互指责。

一个集体的决定，如果负责执行的部门在实施过程中出了问题，整个团队便会出现质疑和不确定的声音。上层一点点细小的分歧，也会在底下各部门之间造成巨大的裂隙，从而导致严重的后果。

"团队至上"，还意味着团队成员关注的应该是团队的结果，而不是个人的结果。如果团队没有达成目标，每个成员、无论他是否对团队的失败负有责任，都有承担个人的那部分责任，以提高团队整体的绩效水平。团队成员应当为了团队的利益而自愿牺牲自己的利益，且不应自恃功高而计较得失。所以，在这样一个团队中，成员并不看重自己的头衔和身份。

这样的团队将会不断地实现其目标。团队成员会将自己的个人需求放在一边，而专心做好团队工作，他们不会将小部门利益、事业抱负，或自尊心驱使的身份置于团队的成功之上。这样做的结果就是，团队中的每个人最终都能分享到靠自己单干所不能获得的成果。

坚守职责

第四步是"坚守职责"。一个决策坚定、表现卓越的团队在坚持标准、维护决策方面都会毫不犹豫地承担起应有的责任。同样重要的是，他们不会依赖领导者，把领导者看成唯一的、首要的问责对象，而是会直接针对自己的同伴。在精英团队中，如果有人的行为达不到规定标准，其他成员都可以提出来。特别是当成员负有明确责任的方面出现问题，其他成员都会及时、坦诚地面对。这样，整个团队就避免了一些不良表现。

在一个运转不良的团队中，这种反馈会来得极其迅速，因为尚未加以证实就开始提意见了。而正确的做法是，就像达成最初决定一样，反馈也可以进行公开讨论。有必要让成员互相指出彼此的做法有哪些好的地方，哪些不足之处。

有时，让自己同伴承担责任，会让团队成员感到不适。他们相信，遇到了问题，应该由领导者来处理，这是天经地义的事情；由同伴来指出问题，似乎会伤害了双方的关系。事实上，相反的情况则更为普遍。如果你看到朋友并没有按约定的那样做，你可能会对他很生气。如果你不说出来，你心中的恼怒会进一步发酵，进而破坏你们之间的关系；与其如此，如果你们相互信任，又不想让对方失望，倒不如进行一次坦诚的对话。如果顾及两人的关系，任由其错误发展下去，你最终会害了你的队友——要么是因为整个团队的表现受损，要么是团队领导者发现了问题要亲自过问。

让彼此各司其职，是从在乎个人结果走向在乎团队结果所迈出的一大步。与之相对应的，就是团队成员也应当能立刻说出彼此的成功之处，这会让他们更加珍视集体的成功。

现实中的精英团队

如果你觉得这一切听起来像是理想主义的无稽之谈，那就听一听下面这支伟大的球队在大赛获胜之后，队员们在赛后采访中说了些什么吧。他们每一位所说的话，也正是精英团队行为圆环中所使用的语言。他们首先说到的，不是他们个人的表现，而是整个团队的表现。当记者问费尔南多·托雷斯（Fernando Torres）是否为进球感到高兴时，他会说："当然，但更重要的是我们赢了这场比赛，是整个团队的出色表现让我们脱颖而出。哈维的传球为射门创造了绝好的机会。艾克尔·卡西亚利斯有几次扑救相当精彩。后位线上的4个人都非常牢固。我们的中场跑动非常积极，每球必争，所以牢牢控制了中场。"

如果你认为托雷斯那样说是个人的谦逊之辞的话，那只能说明你对事实还不够了解。他之所以那样说，是因为他知道，在一个精英团队，你所需要的是什么。"天空车队"（Team Sky）在获得2012环法自行车赛冠军之后，车队队员布拉德利·威金斯（Bradley Wiggins）也说过类似的话。

团队谈话

我不久前与一支正在全力备战的国际赛队一起工作过。我们谈到了精英团队行为圆环中的4点,队员们都表示赞同。从以前的教练那里,他们也听到过这样的一些原则,只是在表述上有所不同。我决定对他们进行一下测试。

"很不错,"我说,"看得出你们对此已经很了解了。那就让我们来看看你认为自己在实际中会怎么做吧。先从落实责任开始,这点你觉得自己做得怎么样?以10分计,你认为自己在团队中在让彼此各司其职这一项上打几分?请各自写在一张纸片上。"他们各自写下了得分,我收集起来算出平均得分为8分。

"好的,"我说,"你们都觉得这一点做得不错。现在我们来做一项提高士气的练习。先围坐成一个圈。我要你们从队长开始,轮流执掌这个位子,其余的人则要分析他的长处,以及他需要继续做的事情。"

说完,整个屋子里就喧闹起来,每个人都争先恐后地讲着他人的优点。

"很好,谢谢。现在,还是轮流来坐这个位子,但是要告诉你的队友他们不擅长什么,在哪些方面还需要提高。更重要的是,要告诉他们哪些事情不能做,因为这样会拖整个团队的后腿。"

顷刻间,整间屋子变得鸦雀无声。最后,他们才恍然大悟,意识到"坚守职责"不仅意味着对同事的支持，而其中最关键的是要在他做得不够好的时候给予及时的提醒。

不会主动给同事提出建设性的意见，是与我合作过的大多数机构存在的一个主要问题。

学会给出有效的反馈

当我初入伞兵部队的时候，我意识到，你加入什么样的团队，就得拥有这个团队的思想面貌，并且还需要用团队的标准来检验自己。要赢得进入团队的门票，你得知道进入的门槛有多高。我了解了自己的角色和职责，并进一步意识到，要想继续向前发展，工作还得加倍努力。我也希望部队的战友也有一个高要求，但最终似乎让我很失望。有时，训练标准根本没达到他们应有的水平。在一个团队中，你得自己先做得正确，不寻求捷径，用你自己的行为去影响他人。如果你自己的标准开始下滑，那么便会给其他成员带来负面的影响。真实性对我来说是一个意义强大的词语。我说的真实性，就是依你所感、所想、所说去采取切实的行动。如果我没有做到，我都会照照镜子，承认自己不够真实，并进行一些弥补。

在部队中有很长一段时间，我看到有人遇到困难就投机取巧，这让我非常生气，感到这样做根本达不到标准。我本以为我当时只是在有力推行我的想法，但回过头来想一想，有人听了我说的话，会觉得我这个人过于武断和独裁了。如果我听见有人说"让我们做这件事吧"，而我又并不赞同，我会直截了当地告诉他。我以前并不总是错误的，也并不总是正确的，但和人家的沟通确实不太好。我的军衔倒是升得挺快，但却忘了沟通能力的提高。经历一些事情之后，一位好朋友兼导师把我叫到一边，告诉我说我现在处在退出的边缘，我感到很震惊。然后，我的自我爆发了，出于一种心理上的防卫，我的恼怒一涌而出："你这么说是什么意思？我为什么要降低我的标准？"他平静地向我作了解释，认为我所讲的观点和内容可能都是正确的，但是我使用了错误的方法。他还向我透露，空勤团里有些军官很不愿意和我共事。他们觉得我这个人太过直白了。我直截了当，不惜一切代价要走正确道路的愿望，在他们眼中变成了一种野心和侵略性，结果倒适得其反。我的导师言简意赅地指出："从谋略上讲，你其实已经输了；你并没有达到预期的结果，因为你不知道对计划进行调整。"听完这番话，我思索了好一会儿，觉得自己现在才真正领悟了。我意识到我的朋友是对的，心里充满了感激。他还教会我要有耐心，要对自己相信的东西作细致的解释，还要倾听他人的想法。我还明白了与人硬碰硬并不见得就能够得到最好的结果这一道理。在成长为一名领导者的过程中，我意识到充分考虑周围环境、利益相关各方及其处境，并迅速作出调整，这些都是必不可少的条件。

团队之外

偶尔，你自恃对团队无比忠诚，可能会给你的领导带来一些问题，甚至把问题带向更高层。所以，这样做是极不明智的。你必须确保你所做的一切，都是在团队的范围之内。如果脱离团队去做一件事情，会显得你很傲慢，很自以为是。在这种情况下，如果你的判断出现问题，就会对整个团体造成影响，而对你自己的影响可能还会更大。所以，你必须保证你是正确的；

不过,当你的错误行为遭到曝光和抵制的时候,你也必须拿出勇气,不回避,不退缩。

就像我前面所举的例子那样,根据我的个人经验,在团队之外还有一些人能够对你进行有益的指导,那将是非常有意义的。在做一些不可逆转的事情之前,还是有必要征询一下他人的意见。这个团队之外的顾问,就是我们所说的"共鸣板",他们相对公正的意见对于一个团队来说是非常有价值的。否则,一旦你出现错误,就会遭受很大的损失。

在很多机构中,你都可以向外面的一些资深人士寻求帮助;一旦你这样做了,就很容易形成长期的稳定关系。而后你会惊讶地发现,对于你提出的问题,那些资深人士给予了很多有益的提示。

一个团队中的不同人格类型

我希望通过前面第二章的内容,可以使大家明白一个科学道理,那就是人与人是不同的。为一个团队效力,记住这一点非常重要。不要让一些共有的东西(人格、文化或目标)抹杀了你们之间的差异。记住,如果你想成为一名有工作效率的团队成员,如果你不想在团队中制造分裂,你就必须学会妥协,学会改变自己的行为以适应整个团队。

罗斯·麦考利(Rose Macauley)做过一项有趣的工作,即研究各种不同人格类型组合对群体动力所产生的影响。如果一个团队的大多数成员人格类型相似,那他们就能够更快地了解对方。所以，人格类型相似的团队在作决策时更容易达成一致。但是，这并不意味着他们的决定就是好的决定。事实上，他们这样更容易犯错误，因为他们汇集的观点相对较少。相反，由不同人格类型组成的团队在作决策时会相对慢一些，而且，作出决定的过程也会比较痛苦。但是，其结果可能会更好一些，因为决策考虑到了更多不同的观点。这样一来，他们就会考虑更多的可能性，对更多不可预测的情况进行讨论，更广泛地将各种外界反应纳入团队计划之中。根据反应者的人格类型，外在反应的范围也有所不同。

团队平衡

当然，在此必须保持一种平衡。四类倾向都完全相对的成员（例如：ISTJ对ENFP，ESFJ对INTP），想要完全达成共识是非常困难的。这时，有相同倾向的成员需要从中起到沟通的作用。这就有点像你在玩拼词游戏。每次改变一个字母，移动一定的格数，将一个4个字母的单词变成另一个：

TEAM	ISTJ
TEAS	ISTP
TENS	ISFP
TINS	INFP
WINS	ENFP

那些学会了欣赏他人，能够与不同人格类型一起工作的成员能够帮助缓和矛盾。这一类起调解作用的人，通常都是"情

感型"的。和"思维型"的人相比,他们有一种与生俱来的寻求和谐与团队感的愿望。相比之下,"思维型"则更多地关注事实、真相以及任务。

孤身一人

如果在一个团队中,某种类型的人格只有一个人,那他会感觉相处起来比较困难。因为他的观点或者行为与他人不同,其他人会觉得他很古怪,因此,他也发挥不出应有的作用。外向性格的人往往会在讨论中处于支配地位,因此常常靠自己就制定出了决策,除非他们充分地考虑内向性格的人的想法;而内向性格的人,也需要改变一下自己,努力发出自己的声音。

"一边倒"团队

如果一个团队人格类型单一,属于"一边倒",要想获得成功,就必须借助外在力量,使团队的人格类型得以平衡;或者根据任务的需要,下大力气去运用本团队次优选的一些性格特点。团队成员通常会选择适合自己类型的任务。

多种类型团队

最佳的团队应该拥有各种人格类型。具备下列条件时,才可能作出最好的决策:

1. 考虑到了基本事实和现实情况(需要"感觉型")。

2. 各种新的可能性得到了阐发（需要"直觉型"）。
3. 一致性和不一致性得到了分析（需要"思维型"）。
4. 考虑到了各种重要的价值（需要"感觉型"）。

在这些成功的团队中，你将学会理解他人的不同性格与能力，从而极大地提高自身的能力。这样，整个团队的实力也会得到加强。在这样的团队中，根据任务对不同技能的需求，领导的角色也会相应有所转变，以使整个团队获得协调性与平衡感。

当然，一个好的领导者，在释放团队潜力的过程中起着关键性的作用。他应该既能让每个个体发挥其特有的技能，又能让整个团队协调一致地工作。在下一章中，我们还会对此做进一步探讨。

本章精要回顾

在人类进化的过程中，人类就以团队的方式聚合在了一起。因为在团队之中，个体所取得的成就，比靠自己的力量要大得多。在足球赛中，如果你不把自己当作队伍中的一员，是很难赢得比赛的；甚至在网球或者田径比赛等"个人项目"中，赛场上的选手其实也是团队中的一员，这个团队中还有教练、队医、健身专家和其他一些工作人员。所有的商业机构，哪怕是再小的机构，也是一个团队，而且是一个典型的团队。所以，让一个团队以最佳效能运转,是团队成功的必要条件。

每个人都想得到队友的信任。有了队友的信任,你就会发挥出自己的最佳状态。同理,如果你想让队友发挥出最佳状态,你就必须给予他充分的信任。这就是基础,是精英团队其他种种特质的起始点,包括:在正确决策过程中提出异议的能力;将团队利益置于个人利益之上的能力;相互督促,各尽其职的能力。

你对大脑运转机制的了解(第一章),对自己和他人人格的认识(第二章),你的动机和焦点(第三章),你有效交流的能力(第四章),以及通过训练完善你的技能(第五章),这些都是你需要带入团队的个人能力。但是,你必须以团队成员的身份在团队中起到应有的作用,你的这些能力才能得到充分发挥。

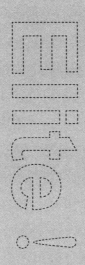

第七章 作为团队领导者的你

The Secret to Exceptional Leadership and Performance

领导力是一门让他人心甘情愿为你想完成之事而奋斗的艺术。

——德怀特·D. 艾森豪威尔
（Dwight D. Eisenhower）

深入敌后·7

"同时，D8一连几夜取得了成功，他们破坏了导弹发射场雷达下面的好几处通信线路。就在行动的第二天晚上，他们发现附近的机场停有很多飞机，于是他们呼叫，请求空袭。这次成功的空袭为他们清除了莫大的威胁。傍晚时分，天气就变得恶劣起来，严寒的天空雨雪纷飞。但他们对此早有准备，他们带着成套的防水装备，待在睡袋里也还算舒服。此外，装有伪装网的"小手指"也起到了一定的防御效果。有几名队员在清理自己的武器，检查里面有没有进沙子，还有一名队员在整理晚上行动的装备。车子就隐藏在干涸的山谷中，靠近最陡峭的坡底，车头朝着谷口，以防有情况需要紧急撤离。凯文和米克分别在山谷两边占据有利位置进行把守。马丁布好了两个岗哨，都处于高度警惕状态，因为侦察的位置并不理想，两边都有射击死角。他们的呼叫和后来的机场突袭让他们成了袭击的目标，所以现在的位置是天黑前能找到的最佳位置了。白天移动的风险比他们待在目前的位置还要大。他们知道自己的破坏行动，尤其是对飞机的轰炸会引起对手的警觉，让他们想到这一带很可能有特种部队，但他们只能寄希望于对手还没有发现自己的行踪，如果被发现了，但愿对手对周围的地形没他们熟悉。

"随着凯文呼叫'戒备，戒备'，这一奢望破灭了。凯文的声音沉稳而急促，'两辆对方车辆从西北方向靠近，一辆是吉普，配有7.62毫米口径的MG-34机枪，另一辆是有篷卡车。'听到有篷卡车，他们心里清楚车上可能载有18到20个人。

"巡逻队队员立即展开行动，整个过程悄无声息，操控有序但又十分迅速。他们立刻将最后的装备装上'小手指'。你知道，我们腰间的装备是从来不脱下来的，武器总是随身携带。现在他们就迅速地抓起武器，冷静地移动到前一天晚上事先安排好的位置，通过手势进行交流。这些他们在之前的排演中已经练了无数次，大家都表现得很沉稳。

"很快，从东边，也就是他们的身后传来一阵自动武器射击的声音。利用射击死角作掩护，另一大队对方人员已经聚集在了山谷对面的山头上了，距离分别为300码和320码。他们看起来训练有素，而且人数上起码是D8小分队的2~3倍。他们车上的那些人本来是起牵制作用的，可现在却成了真正的威胁，因为他们挡住了巡逻队从山谷撤离的路线。

"更糟糕的是，在对方的第一轮射击中，马丁受了伤，子弹击中了他的背部，看上去伤势很重。汤姆下士得承担起指挥任务。此时，全队都处于防守状态。令汤姆感到满意的一点，就是大家都是按照之前演习了多次的计划行事，每个人都明白自己的位置。队医温斯给马丁的伤口进行了止血包扎，并注射了吗啡。

"汤姆下达了简短的命令，要求确定对手的准确位置，并控制火力。全队建立起来的信任感让他们谁都不会浪费时间去观察其他队员在干什么，而只是专注于自己的事情。他们需要上下一心，配合默契，才能在接下来的交战中击败在数量上比他们多得多的对手。

"汤姆暂时从战斗中抽出身来，确保制定妥善的行动方案。精确的火力压制和全队的团结配合使他们达到了打击对手的预期效果。D8开始占据上风。但是汤姆也明白，他们必须在另一队对方人员赶来阻击之前迅速撤出山谷。

"'撤！快点儿！上车！'汤姆的呼喊声回荡在山谷中，盖过了炮火声，同时他还用手势示意。他协助温斯把马丁抬进了最近的路虎上。一分钟不到，两辆路虎开动了，疯狂加速冲下了山坡。一冲出山谷，他们就架起了车载布伦机枪，这就使火力得到了极大的加强。在前一辆车上，柯林朝对方占领的山脊扫射，就是这些人击中了马丁。另一辆车上，米克集中火力攻击对方的吉普车，车上的那挺机枪对他们构成了最大的威胁，尽管射来的子弹都偏得很远。车子行驶在坑坑洼洼的地面上，想要在车上朝两三百码开外的目标进行精准射击绝非易事，但是这种技能我们演练过无数次。米克的训练没有白费，对方的车辆突然向右一斜，撞在了一块大石头上，翻了个底朝天。米克迅速转移目标，朝有篷卡车开火。虽然距离有点远，但几乎每发均命中,卡车也减速后停了下来。

"'温斯,马丁情况如何?'

"温斯看着后座上的马丁,垂头弯背,面色苍白,失去了意识。

"'不妙!很糟糕!我们得把他弄出去。'

"'好!我们要去紧急撤离点,呼叫飞机过来把他接走。我们得先把对方甩开。你们觉得如何?'

"温斯和柯林点头赞成。汤姆示意第二辆'小手指'跟上他们,简要地说了一下计划。队里的其他人员立马响应。联合空中管制意味着他们撤离的方向不会遇到威胁。夜色的大幕迅速降临,他们在沙漠上一路颠簸,温斯继续对马丁进行急救,柯林呼叫飞机。

"6小时后,大约午夜时分,D8巡逻队到达了集结点。一路颠簸对马丁极为不利,他一会儿处于半昏迷状态,一会儿则完全失去意识。温斯想尽一切办法让他保持稳定,控制伤口的出血,偶尔注射一支吗啡。但马丁最后能不能挺过来,他们心里也没有底。

"在集结点,他们把车子熄了火,静静地等了几分钟,看看有没有对方人员追上来。除了风声,什么动静都没有,但汤姆想要确保万无一失。

"'这样,史蒂夫,你开车沿我们来时的路往回开几百码,把我们的车轮印抹掉。带上几个人去那块高地,两边都要有人守着,飞机30分钟之内应该能到。

"果然，半个小时后，从南边隐隐约约传来了隆隆的飞机声，噪音逐渐响起，飞机降落在距离较短的缓冲区时，只听见呼呼的气流声。汤姆和温斯把马丁从车上抬下来上了飞机，交给医疗队。医疗队员们立即检查马丁的生命迹象，挂上了点滴。接下来又是一个意外。

"最初给我们下达指示的军官出现在机舱门口。

"'汤姆，这里现在是你负责吗？'他递过来一副耳机。这样，他们在螺旋桨发出的嘈杂声中也能够听见对方的说话，因为飞机的发动机不能停，避免再次起动浪费时间。

"'D9也在这附近。他们没车，我们今天一大早收到他们发出的紧急信号，但是我们不知道他们现在的状况如何。据我们猜测，他们呼叫之后就遇上了麻烦。无线电肯定坏了，要不他们不会用应急通信设备联系我们。他们最后的位置大概是从这儿往西70千米的地方。找到他们，把他们救出来，这是给你的资料。'说完，他递给汤姆一个棕色信封，拍了拍汤姆的肩膀，说了句'祝你搜救顺利'。"

从团队成员到团队领导者

在精英团队中，从团队成员到团队领导者身份的转化是顺理成章的事情。在一个运作良好的团队中，成员的责任与领导的责任略有不同。精英团队的成员在特定情况下或某次特定的任务中会成为领导者，因此，精英团队的领导者永远不能忽视一点：自己也可能会成为普通的成员。如果团队成员间能成功进行互动，激发彼此的动力，提供积极有效的批判和反馈，那么团队领导，特别是在处理日常技术方面就会容易得多，从而将更多的精力集中在制定战略目标上，以使整个团队受益。

团队领导者的原则

如果说理想的团队领导者只比团队成员领先一小步的话，那么团队领导者的行事方式应该和团队成员相似。首先，团队领导者对成员的信任与自己希望团队成员表现出来的相互信任要一致。强大的团队领导者敢于担当，但也会出现团队成员可能存在的率真和弱点。所以，团队领导者不要高高在上，更应该承认自己的错误和不足，必要时还应道歉，以非独裁的方式寻求团队成员的帮助，用团队成员希望的方式与他们进行坦率友好地交流。在团队里，以身作则很重要。

团队领导者若能告诉成员自己是如何当上领导者的，这将是件非常鼓舞人心的事。我当领导者时，要求团队成员对自己在这个团队中的职业规划拟一个简单的时间表，并对其中的关键要素进行解释。我让他们讨论做领导者的要素有哪些，作为领导者他们能带来什么，做领导者最难的是什么，他们需要哪些帮助。对这些问题的探讨，往往是他们最有效率的10分钟交流。我每次这么讲的时候，听众都鸦雀无声。他们之所以听得进去，是因为我能站在领导者的角度进行自我剖析，对团队成员应该具备的信念和信任提出希望。领导者向下级暴露自己弱点的情况并不多见,但实际上这么做并非示弱,反而显示了自己强大的实力,是精英领导者的标志之一。

领导力意味着要统筹兼顾

世界并不完美

当然,在现实生活中,事情并不是那么简单,光靠以身作则还远远不够。即使最好的团队也会时不时出现一些问题,况且一开始大部分的领导者面临的团队都是不完美的,因此仅仅树立榜样是不够的。团队中的坏习惯必须马上改掉,才能提高整个团队的活力。通常来说,团队需要培养、鼓舞和激励,才能让领导者自己的努力在整个团队中体现出来。但是作为领导者,也应让所有团队成员意识到,不遵守正确的行为规范可能最终导致被开除的后果。

团队领导者该做什么

作为团队领导者,第一件要做的事情就是了解团队的动力所在,并让全体成员认识到各自的动力。如果我是团队领导者,或者负责一个团队,我首先要做的事情就是了解团队成员对团队运作的看法。为此,我会要求整个团队做一份关于团队行为的简单调查问卷:

1. 团队会议是否有意思,不沉闷?
2. 团队成员做了有可能损害团队的事情时会向他人道歉吗?
3. 在团队会议上,是否就最有争议的问题进行过讨论?得到解决与否?
4. 会议结束后,所有团队成员会遵守会上所做的决定吗?
5. 团队成员对同事履行会议的承诺有信心吗?
6. 如果某一团队成员发现同事做错了事,会告诉对方吗?
7. 团队成员是否会公开激烈地就一些问题展开辩论?
8. 团队成员知道彼此的私生活,并乐于和别人谈论吗?
9. 为了整个团队的利益,团队成员愿意牺牲自己所在部门的预算或资源吗?
10. 团队成员是真心不想让同事失望吗?
11. 团队成员之间会相互承认自己的弱点吗?
12. 团队成员之间会相互质疑对方的计划以及计划实施的情况吗?

我让每位团队成员对所有问题进行回答,每个问题的分值为

1~5分，1分表示认同度最低，5分表示认同度最高。显然，问题间有交叉的情况（毕竟所有的问题构成一个整体），但所有问题都与第六章中精英团队行为圆环中四大要素中的某一个相关：

	问题
要素1：相互信任	2，8，11
要素2：实证性分歧	1，3，7
要素3：团队至上	4，5，9
要素4：坚守职责	6，10，12

将每个要素中对应3题的分数相加，得出总分，其中每一要素的总分在3~15分之间。3~7分表示团队在该方面的表现离要求还有很大差距；8~11分表示团队在该方面还需要改进；12~15分表示团队在该方面表现很好，达到了精英团队的标准。

当然，团队成员的反应不一，这就意味着他们要求的松紧程度不一样，打分的尺度不一样，或者是对团队表现的看法不一样。

接下来要做的就是拿着调查问卷的结果，找每位团队成员谈话。这样可以很好地掌握团队的动态，每位成员的状态以及他们对团队运行方式的看法。

"以退为进"

分析了问卷调查结果，充分掌握团队对事情的看法之后，我会花时间对团队进行各种训练。尤其是如果一个团队表现一直很糟糕，有压力，队员们通常会很反感花时间进行训练，想直接进入到实训或行动实施环节。但是，团队一些基本问题没解决之前，急于求成很可能就是在浪费时间。因为这会进一步加深问题，还不如不培训，甚至还会起反作用。这就需要"以退为进"。先后退几步，做好助跑后再起跳比原地起跳要跳得更远。正如我在第五章中讲过的，高级培训实际上就是高质量完成基础的培训。基础的东西没准备好就急于往前推进，到头来只会满盘皆输。团队管理也一样，要做到稳步推进，就必须让基础的东西准备到位。因此，在工作场合之外，有必要花时间将自己的想法和希望向团队解释清楚，然后再进行后面的训练。

性格构成

第一项训练，就是要考虑团队成员的性格类型。即使有些甚至所有团队成员都曾经做过某种形式的性格测试，他们现在还得做一次，并且和其他人分享测试的结果。团队领导者应该充当协调人，解释不同性格类型的意义，特别要注意强调性格类型没有天生的优劣之分。大部分人对性格类型的解说很感兴趣，因为他们会将这些解说投射到自己或他人身上。整个团队一起谈论性格类型，再将这些性格类型与团队成员在实际生活中的行为联系起来，这本身就能够突破成员彼此间的障碍，增进团队成员之间的了解。

然后，整个团队需要考虑，从团队的性格构成中能够得出些什么样的结论。你应该问如下的问题：团队的性格构成的优势和潜在的弱点是什么？你的团队是否属于同质化，需要借助外力才能达成最好的决定（如第六章所言）？如果是，又将如何获取这种外力？抑或是团队成员是否性格迥异，需要认真处理才能实现有效沟通？团队是否缺乏某种重要的特性？还有其他的特性可以让团队变得更加强大吗？是否有阻碍团队提升的因素？

当然，作为团队领导者，在团队建设之初，要考虑团队成员的性格特点和性格构成，这不仅对团队成员有利，也会让你知道如何以最好的方式和每个团队成员进行沟通。

我记得曾经与一个14人的团队合作，他们负责公司的创新研究。在做性格测试的时候，我们发现其中有13个人的直觉能力很低，整个团队严重偏向"感觉型"。我们马上意识到，在团队更加注重创新而非寻求科学的解决途径时，需要引进其他类型的成员。

个人历史

在很多团队里，我们会很惊讶地发现，即使在一起工作了一段时间之后，团队成员之间了解也很少。一个简单而有效的解决办法，就是让每位成员说出5件他们认为重要的想让其他队员知道的事情。这些事情可以包括介绍家庭成员，简要讲述自己过去引以为豪的成就、自己的爱好、自己的信念或者自己最喜欢的东西。其中有些事情将会让在座的其他人感到很新奇，为团队成员的交流聊天提供新的观点和话题。这种做法强调团队里的每个成员都是有真情实感的人，而不只是同事，从而有助于将团队关系个人化，增加成员之间的感情。

我最近将这种方法变通了一下,用在了一个初建的团队中。第一次会议气氛很紧张,成员对许多问题都不愿意多谈。到了晚上,我让他们每个人从16岁开始简单地画一条时间轴,告诉他人自己是如何达到现在的位置的。他们可以利用任何东西帮助自己讲述过去的事情。一些团队成员详细地讲述了自己的成长历程,对一些事情给出了有趣的见解。第二天,他们所有人彼此之间变得更加有耐心,愿意听取他人的意见了。会议结束时,他们制订了决议,并表示要坚决执行。

观察别人的优点和缺点

接下来的训练应该会带来欢笑和愉悦,缓解气氛,但是风险也比较高,因为也有可能挑起冲突:让每个人快速写下其他团队成员的主要优点,同时也写下他们某一缺点或需要改进甚至杜绝的某种行为,以帮助其获得更好的表现。要逐一关注每个团队成员,依次让每个人读出自己所写的东西。刚开始的时候,可以引导成员先对你自己进行评价。在整个训练过程中,对观察到的优缺点不要进行辩论,因为该项训练的目的只是对其加以识别并认可。

通过这项训练,可以发现一些受批评的人自己都没意识到的积极或消极行为。更有可能的是,在这个过程中,一些已经存在,但是之前没有彻底挖掘或公开讨论的问题会暴露出来。首先要认识到积极的方面,并看到别人对此是如何看待和评价的,这样,你在讲别人的缺点时才能够为人所接受。把之前隐藏的一些不良行为暴露出来，可以让人身心舒畅，并减少削弱团队力量、破坏团队关系的行为。

解决建设性分歧的原则

最后的训练会有助你总结出要坦诚到什么程度，才能在团队的讨论中立即达成一致。有必要和团队成员讨论彼此互动的原则，其目的就是为了实现绝对坦诚和公开的交流，但首先要树立一些基本的原则。团队成员之间采用什么样的沟通方式？特定的媒介会损害团队关系吗？例如，电子邮件会引起团队内部的摩擦吗？或许有人觉得电子邮件太简洁，有人觉得太繁琐；有人觉得传播范围太广或太窄；或为了政治加分，将邮件拷贝给一些特定的人。使用电子邮件有必要建立规则，否则大家就会觉得他们上班就是彼此发发电子邮件而已。以前的面对面交谈（通常是最有效的交流方式）是传达信息的更好方式吗？或者打电话就够了？让团队都考虑并理解特定的交流类型和方式对受话者的影响。

前面讨论了性格类型，整个团队应该能更好地理解用某些特定的方式与团队成员进行交流可能带来的影响。"外向型"的人比"内向型"的人更能享受争论中的激烈交锋，因为在争论中，"内向型"的人可能会本能地逃避，然后独自琢磨。"感觉型"的人比"直觉型"的人要求更多的是铁一般的事实。"思考型"的人更喜欢以简单、直接、纯理性的方式接收信息，而"情感型"的人更容易选择一种能够与他们产生共鸣的方法。当然，掌握了团队成员的性格类型，在交流中，受话者应该也能更好地理解为什么某种特定的说话形式会让人感觉更好或者更糟糕，从而有效地控制自己的应对情绪。我年轻的时候是属于"情感型"的人，当我听"思维型"的人讲话时，我会自觉地认为，他们不在乎自己传达的信息和行为对我以及他人的影响。其实我大可不必有那样的想法，那样只会使我更加激烈地与他们进行争论，而对他们传达的信息和行为不屑一顾。现在我明白了，是我需要适应对方的信息表达方式，调整自己接受对方信息的方式。

如果组织的内部结构需要，我们还需要讨论团队成员之间是怎样进行互动的。例如：团队环境能否接受某一团队成员直接找另一团队成员的下属？如果管理结构倾向于矩阵化，出现了复杂的情况该如何处理？共享的资源该如何分配和使用？如何决定事情的轻重缓急？会议到底有多重要？开会需要花多长时间？我经常感到吃惊的是，很多公司的会议决定最后都没有实施，也没有任何的检查、落实。还有一些情况就是，太注重检查结果以至于什么事情都没时间做，因为大家的时间都花在不断更新信息上，没时间做事了。这时就需要采取80/20原则：用80%的时间去行动，20%的时间进行高质量的讨论以及制定决策。根据公司的规模、结构和目的，不同的公司讨论的具体内容各不相同，但目的都是要建立并达成明确的基本原则，让所有团队成员为此付出努力。这里又提到"付出努力"四个字。

同时，应利用第一项训练，看看性格类型构成中是否有难以达成实证性分歧的。也可能是团队的一些经历,使得某些团队成员尤其难以达成积极分歧。性格构成将会决定什么类型的分歧在团队内部是可以接受的。这往往需要彼此尊重,并且以原则而非性格为基础。但是,分歧能激烈到什么程度呢?

团队领导必须尽快为大家创造一个能够积极、公开、热情地表达分歧的环境。作为团队领导者,你要帮助团队成员理解为什么分歧是有用的——从中期来看,分歧可以节约时间,产生效率。你要向团队成员解释清楚:由于害怕伤害同事感情而不愿在会上当面提出问题,只会导致更大的危害;如果问题不能得到公开解决,就会在人后导致分歧,两面派的政治手段比激烈争论带来的危害更大。拒绝在发生分歧时向同事说出自己的想法绝不是尊重对方,恰恰是不尊重的表现,因为这意味着你觉得他们能力太弱无法应对你的不同见解。你没有足够尊重同事,向他们说出你的真实想法。你要提醒团队,正常的激烈分歧意味着尊重,而非不尊重。

释放团队内部压力

释放团队内部压力的有效办法就是发现团队分歧。有些团队成员,尤其是"思考型"和"判断型"性格的人能够自然地充当这一角色。如果团队里没有这种"冲突挖掘者",作为领导者有必要亲自去发现团队里的分歧,强调团队成员之间存在分歧的领域,从而对分歧进行讨论并加以解决。

如果团队对实证性分歧选择退却,你有必要重申分歧是有用的，是值得存在的。这样你的团队能够按照达成的原则欣然接受出现的分歧。如果争论变得过于激烈，你也有必要强调一下，公开与同事发生分歧比拒绝说出你的不同意见更显尊重，这才是缓解紧张气氛的正确方式。你还要提醒团队，讨论的目的是找到解决问题的方法，而不仅仅是提出问题。

然而，作为团队领导者，要避免过分保护下属，团队领导者很容易出现这样的情况。在分歧解决之前，如果你不让成员讨论，那么实证性分歧的好处就体现不出来，这将不利于团队发展，使团队的发展受到阻碍，而且也培养不了下属有效应对争论的技能。因此，不要情不自禁地想要"保护"向你汇报的人，这会阻碍你成为一个好的团队领导者。

达成目标/共识

团队领导者最重要的作用之一，就是带领团队迈向既定的目标，这样团队成员才能尽职尽责。特别指出，这不意味着把自己的观点强加于团队。确实，将自己的观点强加于人，可能会损害你此前为创建高效团队所作出的努力，迫使你的同事不再发声，甚至危及到你一直努力促成的公开且毫无保留的交流。但是，一旦问题得到了充分的讨论，所有的分歧都得到了积极的表达，这时候你就需要融合各方的意见，作出团队决定。记住：进行总结的时候多用"我们"，例如，"因此，最后我想我们一致同意我们应该……"不要说，"我听了你们的发言，最后我的决定是……"

决定中最重要的部分，以及团队履行决定的能力，是要看完成决定的最后期限。作为领导者，你需要确保团队成员对时间表和安排进行讨论。会议结束后，马上将清晰的会议记录给所有与会人员传阅，这么做很有用。无论这些记录多么简洁，其中最重要的要素——时间安排，一定要清晰明了。那些发现目标很难实现的团队经常是因为完成任务的时间不明确。日期必须明确，绝不能含糊不清，因此需要做出清晰的安排。另外，每一次任务，都指定一个人对任务的结果负责。当然，他们可以利用别人的支持和资源，但是最终负责的人只有一个，这一点很重要。

决定一旦清楚了，还有一点就是在会议即将结束时，讨论一下如何传达这些决定。传达的对象可能是公司内部的上、下级或平行部门，也可能是公司外部的顾客、供应商、股东或其他的支持者。无论传达给哪一方，在如何传达的过程中，总是难免会出现分歧或误解。因此，在讨论中也要强调是否有什么内容不能说，是需要保密的。也就是说，每个人在会议结束时，领会到的精神必须是一致的，对外展现出的形象也是强大而统一的。记住：团队中任何细微的意见分歧，一旦传出公司就会被放大。因此，会上某些看起来无关痛痒之事，往外不断地传播，最后就变成了大事。

信息流

不久前，我在一家大型通信公司与他们的一个8人领导团队一起共事。这是一个人才济济的团队，负责数百万英镑项目的关键绩效指标。很多时候，虽然他们说的是同一件事情，但是彼此存在严重的分歧。很明显，他们缺乏相互信任，不理解团队至上的原则。在一起共事了3个多月，我看着他们进行训练，开始建立起彼此间的信任。运用了本章的原则和技巧，首先看他们的性格类型，评价他们与精英团队行为圆环中4要素的契合度。我还对他们进行了逐一访谈，询问他们在团队中哪些事进行得顺利，哪些事很糟糕。通过探索，我发现他们中最重要的人并找出其中的原因；我还对他们施加压力，让他们说出对团队成功和机遇的看法，以及接下来6个月拿得出来的重要成果。从与他们的对话中可以明显看出，该团队在很多方面与精英团队的标准还差得很远：

- 他们将各自的部门团队而非领导团队看成是最重要的团队。
- 他们隐瞒了许多私人日程，这导致他们缺乏并蚕食彼此间的相互信任。
- 他们觉得自己超负荷工作，为了一些不可能实现的目标在拼命，但是又不愿意商量如何去改变这种现状。
- 他们缺乏信心，最后变得很被动而失去了积极性。

将所有这些问题和他们对问题的看法公开之后，该团队确定了接下来2个月的5大目标：

- 为公司确定可以实现的愿景。
- 明确说出他们希望该愿景实现的原因。
- 创建出代表他们愿景的标志。
- 列出实现愿景的关键行为。
- 量化他们完成这些行为所需要的支持。

在讨论领导团队成员之间的相互需求时,很明显,3位年长的领导得到的信息比期望的少,他们觉得自己正遭到其他人排挤。后来经过解释才搞明白,原来其他人觉得,不指出其他人的问题就是在帮助他。经过这件事情,他们马上意识到什么才是一个团队所需要的。之后,这个团队有了很好的表现,6个月之后,所有的人都得到了晋升。

如果你的团队觉得很难达成一致意见，首先让他们作一些相对容易或风险低的决定，哪怕是错误的。大部分团队习惯作一些明确的决定，因为这样一个决定可引导并释放能量，即使后来证明这个决定不完全正确。习惯了作一些轻松的决定，才有利于今后作出艰难的决定。一般来说，这表明尽管一个决定可能并不理想，但不会让团队成员感到紧张，害怕自己会遭受损失。

大部分的决策都是基于不完整的信息，因为所有的决策都是关于未来的。作决策的目的是决定接下来要做什么，对已经做了的事情作决策就失去了意义。当然，未来总是不可预测的，因为它尚未出现（除非你有幸或不幸地成了时间领主）。身为领导，你要经常比团队成员更愿意接受错误的风险。领导必须为决策承担责任，这也是领导的职责所在。

知晓并接受风险，或者是可能出现的风险，这是领导和决策的关键因素。作为团队领导，你需要预见可能出现的意外事件，让团队为之做好准备。还有很重要的一点，有时候作为领导，你也许不得不否定整个团队的意见，带领团队成员走向与他们的选择完全不同的方向。这种情况比较少见，但是作为领导你必须做好坚持自己信念的准备。

作决策的时候，要评估风险等级是低、中还是高；然后看该决策产生的潜在回报属于低、中还是高。如果这些你都知道，大多数情况下作决策并不困难，但实际上你不可能掌握所有的情况。所以我会进行一个评估，在掌握50%情况的前提下自己是否准备作决定了，还是需要掌握60%、70%或80%的情况。之后我会考虑自己需要怎样的应急预案，尤其是存在高风险时。通常在掌握80%的情况下，我就会作决定。如果决策有可能是错误的，但带来的风险低或潜在回报率高，因而在风险回报率可观的情况下，即使情况不那么确定，我也会作出决定。尤其是有个好团队，我有理由相信即使决定错了，我们也能恢复过来。

承担责任

"强势"领导者的风险之一是会降低团队成员间的责任感。如果领导成了团队纪律的唯一来源和唯一对整个团队负责的人，那么精英团队的行为圆环就会破裂。团队成员将会退缩而求得自保，关注于建立自己的个人王国。甚至当对手落后、与上司发生矛盾时，他们还会幸灾乐祸。

因此，真正强势的团队领导者必须尽可能多地将任务分派下去，让所有团队成员对团队中的其他成员负责。第一步，要确保每个人不仅要意识到自己的目标，也要知道队友的目标。为此，首先要公布团队日程安排和团队目标。

第二步可能看起来简单，就是要定期召开全体进度审查会议。再次重申，这类会议不应该是领导的"一言堂"。要鼓励团队成员说出自己与团队目标之间的关系，让他们承担起责任。如果他们落后了，自己又没意识到，这首先应该由他们的同事指出来，让他们对彼此负责。鼓励那些自己一个人埋头苦干的人多向他人寻求帮助，随着任务的推进，任务可能变得比之前想象的更加复杂，需要更多的资源。这时，领导者应该欣然主动给予支持。我经常碰到这样的团队，他们喜欢把作重大决定的责任推给上司。即使他们心里明白应该作什么样的决定，也会尽量避免作决定，那样他们就不会因为出了什么问题去直面其他同事了。必须立刻阻止这种行为，只要有可能就让他们自己作决定，并对出现的结果或后果负责。当你让整个团队负起责任的时候，团队的绩效水平自然就上去了。

如果取消个人绩效奖，实行团队绩效奖，很可能形成更强烈的问责文化。这样，团队中的每个人就会团结起来，看到其他人表现不好时，他们也不会听之任之。害怕让团队成员失望的想法，或者从正面讲，为了他人而好好表现的欲望，应该成为精英团队的主要动力。

团队任务经常是环环相扣的，"如果你不及时完成你的任务，我的任务也没法做。"用别人的错误来掩饰自己的不足，这样的想法在一个团队中会滋生出相互埋怨的风气。所以领导者必须明确指出，这种责备他人的做法是不能接受的。

纠正团队中的负面声音也很重要。指出某一决定存在的风险并没有错。的确，这是实证性分歧和达成正确决定的重要组成部分。但是，没完没了的负面声音会严重降低团队的效率。这也意味着发出负面声音的人无法履行团队的决定，也没有以团队利益为重。作为领导者，你必须明确地告诉这些人，如果不改变自己的行为，他们在团队里待不长久。

还有一种行为不能接受，也是团队领导者绝对不允许的，那就是团队里有人说"我早告诉过你会这样"。如果这句话出现在彼此承担责任的团队中，这说明说话者没有恰当并真诚地履行团队的决定。这时领导者必须指出："这个决定你是同意了的，你是团队的一分子，对这件事负有同等重要的责任。"

最后，领导者要承担团队成员需要承担的责任。如果出了问题，他们必须充当最后的裁决者。把责任分给团队成员，让他们对彼此负责，这并不意味着团队领导者可以完全不承担责任。如果那样的话，团队表现都将只是团队成员讨论的结果，且最终使整个团队陷入平庸。

但是，作为领导者，决不能做的一件事就是责备团队或抱怨团队成员。你是团队的负责人，团队的失败就是你的失败，如果要有人为此负责的话，也应该是你自己。

一次艰难的翻越

在空勤团的时候，我掌握了滑雪这一技能，这是为山地作战而进行的准备。当然，不是在光滑的滑雪道上滑，而是要学会在各种地形——上坡、下坡、冰川，以及无雪的岩石上滑行，学会如何在极地环境中生存。实际上，我非常希望在标准的滑雪坡道上滑雪，因为那样要轻松得多，只需要朝着山下滑就是了。

有一次，我在加拿大落基山负责训练新手滑雪。那时，我是军士长，有3名士官配合我的工作。我让这3名士官为此次训练勘探出一条线路。

落基山是我见过的最雄伟的山脉之一。从地质上来说，落基山形成较晚，地形险峻崎岖，阿尔卑斯山跟这比起来简直就是小巫见大巫。这3名士官可能是我见过的最好的滑雪者。他们从直升机上降落，花了2天时间绘出了一条120千米的线路，我要求新手们在3天之内走完全程。同时我还要负责许多其他的训练项目。

勘探的几名士官回到基地时，看上去疲惫至极，但是脸上依然挂着笑容。"新手们会喜欢这次训练的。弗洛伊德，给你看样东西。"我被他们的激情感染了，也跟着他们笑着。但是，当看到他们选择的路线时，我立刻严肃起来。这条线路需要下好几处狭窄并且几乎垂直的山谷，需要爬两处特别长且陡峭的坡，即使体力最好、最有经验的人也会筋疲力尽的，何况这些没有攀爬雪山经验的新手。最难的是穿过海拔4000米的陡峭山脊，不管是上山还是下山，掉下去就可能致命。

"别闹了！开什么玩笑？拿真的线路图给我看。"

"弗洛伊德，我们没开玩笑。原则你是知道的，把他们带入压力区，跟实战一样训练。这些将是他们在实际作战中必须面对的，让他们越早熟悉越好。我跟你说，这绝对可行。"

"好吧，对我来说，这条线路在地图上看起来简直无法想象。但你们是专家，又亲自尝试过了，我支持你们的判断。"

结果我错了。这条线路过于艰难，虽然新手们确实完成了任务，但比预计的时间多了一天。他们克服了两次雪崩危机，在极端困难的天气条件下逗留的时间比预期更久。他们受了几处小伤，更严重的是，他们的自尊受到了伤害，我对此负全部责任。我没有想过要责备其他任何人，因为这毕竟是我作的决定。接下来的情况汇报，让全队得以将他们的沮丧情绪都归咎为我的决策失误。我也从中汲取了许多宝贵的教训，但最重要的一点：领导者必须承担起责任。

团队至上

严峻的考验可以发现团队成员是否将团队摆在第一位，是否以团队的成就而非个人目标来衡量成功。如第六章所说，让同事共同承担责任，团队至上就是水到渠成的事了。作为领导者，要实现团队至上，所要做的事情也是类似的。

因此，要确定是否取得了成功，首先你必须明确要实现什么样的成功，你的目标必须具体、可衡量而且能够达到。团队的每个成员必须准确理解目标是什么，而且相信这些目标是可以实现的。就好比一支运动队，以"成为世界一流"作为团队目标就不明智，因为这一目标太模糊不清（除非将这一目标与决定"世界一流"的系列比赛结果联系起来）。实际上，这个团队目标也可能无法达到。最好有赢得具体比赛的目标，因为这会给全队带来挑战，提升全队的整体水平，又不至于那么遥不可及，不切实际。

如果可能的话，确定目标的过程应该是整个团队的行为，这样，整个团队就会一如既往地为目标努力。然而，在许多公司，团队自己确定目标的权力受到了限制。比如，销售目标和预算可能由公司高层决定，下面的团队或者作为团队领导者的你要改变这些目标，就受到了限制。还可能出现这样的情况：全部或部分的报酬或奖励机制也是无法改变的。即便如此，团队还是应该能制定具体的小目标，以满足预算的要求，还必须要满足预先制定的日程安排。此后，这些都可能成为衡量团队成功与否的依据。

有时候，目标公开可以增添实现目标的激励因素。在运动队，这种做法也许没用，因为这样做反倒可能激发对手的斗志。但在公司层面，竞争对手不止一个，公开的目标可以让团队对实现目标更有激情。许多上市公司就是这样。他们的目标，股东、股市投资者都知道，于是上市公司会比私营企业更加努力地去完成年度目标。私营企业没能实现目标，外界关注则相对较少，因此其损失也小。

团队成员如果不能以整个团队的成功作为主要的目标，可能带来两方面的风险，这两个方面都与团队的状态有关：第一，个人状态，包括职业前景和经济收入，这可能比团队结果更重要。团队领导必须克服团队中的这种倾向，确保同事彼此间有一定的压力，根据团队成绩而不是根据个人成绩调整可能的报酬；同时对于不顾团队、只顾个人利益的行为，则不给予报酬。

团队状态带来的第二个风险可能更微妙一些。当一个团队成员获得报酬而又习以为常时，这种情况就有可能出现。如果一家公司颇具威信的员工，甚至是公司的精英骨干都因此而变得故步自封，那危害就更大了。他们会觉得，完成团队目标固然不错，但不是主要动力，完成既定目标就已经很不错了。如果这种风气蔓延开来，公司的业绩和声誉就会跌落，对团队成员的"静态"激励将开始萎缩。

对于团队，领导者必须关注能够实现目标的结果。只要领导对要实现的目标或实现目标的最后期限不坚定，都会成为团队成员放松和背离目标的借口。如果团队成员在面对目标时说

"我们会尽力的",这很可能意味着他们并没有准备完成目标。如果你对团队说"我会尽力的"或"我会尽我所能",其释放的信号也是一样的。

如何对待能力不足的团队成员

作为精英团队的领导者,你必须为团队的结果负责,不能为团队的不良表现找借口,因此这便意味着你必须迅速果断地处理团队表现欠佳的情况。本章的重点就是让你正确地理解团队,将你的团队提升到精英水平。然而,你接手的甚至你自己建立起来的团队中,有些成员可能达不到精英团队行为圆环的要求,这是无法避免的。这有可能仅仅是因为你团队成员的技能构成和性格构成有问题,也可能有太多的性格冲突。

做管理的最大挑战之一,就是要判断什么时候该培养团队成员,让他们达到要求;什么时候该采取必要的措施将他们转到公司其他岗位;什么时候应该将他们从公司里清除。但是,要牢记一条原则:一个整体的团队远比团队中的任何个人重要得多。团队领导者必须处理能力不足或有损团体的行为,因为这会阻碍团队实现第六章和本章提出的目标。

前面谈到,团队领导者出于本能,会保护团队成员,而这种行为会对建设性分歧构成障碍;同样,一些团队成员表现不好,但领导者出于本能,很长时间也会认为他们没有过错。大部分的人天性不喜冲突。当不得不处理团队成员糟糕表现的时候,你自己的情绪会被激起,而你批评的人也可能会以情绪化的方式回应你。因此，在事情没有达到无法收场之前，你会选择避免冲突。但如果你确立原则，问题一出现就进行处理，你就用不着去处理这些棘手的情绪问题了。我发现了一种有效的办法，问一个简单的问题："你对当前的情况怎么看？"不管等多长时间都要让对方开口。一般来说，这肯定会带给你所需的结果。

很明显，本章讨论的许多团队领导者技巧，都是关于帮助你的团队成员了解自我，了解他们自己的优点和缺点，以及他们喜欢和不喜欢做的事情。在公司要做到人尽其才，最好的办法就是让他们了解自己的能力及最合适哪些岗位。让团队成员心甘情愿主动离开不适合他们的岗位是为上策；建议他们转到更合适的岗位并顺利转岗次之；要求他们离开公司是为下策，但有时候为了团队整体的利益不得不这么做。

一般来说，从公司内部培养人才并尽可能加以提拔任用确实是一种较好的方式（详见第八章）。首先，比起公司外部的候选人，公司对内部候选人更为了解，降低了任命的风险。其次，他们已经深谙公司文化，理解公司文化的内涵和运行方式。另外，内部提拔会给其他同事一个信号：好好工作就会有回报，而且这种机会人人都有。

然而，从某种程度上来说，由于选拔内部员工存在以上这些优点，许多公司又开始自寻烦恼：把员工安置在不合适的岗位上，或者过度提拔员工导致员工无法胜任岗位。由于对新提拔的员工缺乏适当有效的培训，这种错误经常会越来越严重。

在团队领导者的职权范围之内，通过恰当地管理和科学地评估招聘流程来引进新人才，比将现有团队成员推到他们还没有准备好的岗位上要好得多。有些提拔在当时看起来不错，但是一旦出问题，马上就会适得其反。

如果确实有必要让团队中的某位成员离职，整个过程要公平公开，这一点很重要。当事人肯定会受到伤害，感到烦恼，但始终要维护他们的尊严。通常，离职的原因其他团队成员都心知肚明，团队领导者还是要向全体成员解释清楚。如果有人觉得以前的同事受到了不公平或不人道的对待，你打造的精英团队之路就会受到阻碍甚至中断。

如果制定了明确的标准，而且行事公平、坚持原则，那当你要开除一名表现不好的团队成员时，就很少会遭到非议。恰当地对待团队成员，意味着要完全维护他们的自尊。精英团队要求一定的人员流动，确保团队不会落伍或骄傲。随着公司的成长和发展，一些内部技术人员无论怎样努力去培训、提高都无法满足要求，因此有必要从外部引进技高一筹者，将其代替。

多重团队中的领导者

大部分大中型公司中的许多人都有两重身份——在一个团队中是领导者，在另一个团队中是成员。

如果你所在公司的文化氛围不对，这是很难从基层或中层进行改变的。有效的公司文化转变取决于公司的领导者，具体见第八章。

可能你的本意是为了升到公司的更高层，从而能够改变整个公司的文化，但很容易在不知不觉间就陷入你本想改变的那种氛围中去了。你很快就会因循守旧，把精力花在办公室政治上，不关心自己做了什么，而更在乎让别人看到你在做。这样做是缺乏远见的。这意味着当你走到公司高层的时候，有可能已经忘了你的初衷。如果向上爬的竿子本身就油腻腻的，你依然按传统的方式爬，当你爬到顶端的时候，全身肯定也会浸满了油，而且很难洗得掉。

初入职场时，得到提拔要靠你自己的能力和技能。随着职位的上升，你进一步的提升则越来越多地依靠你对下属产生的影响。如果将第六章和本章的原则运用得当，不管你所在的公司文化是多么不同，你周围的人将会有更好的表现，你也会因此有更好的表现。至此，我们又回到了第六章开始时提到的圆环，明白了为什么作为团队的一分子比自己单打独斗更能取得成就。

培训冲突

在我的职业生涯中,曾经接到一项艰难的任务,要求我负责从地方自卫队(其队员还是兼职)中培训出一支特种部队,派往一个主要的冲突地区。要把他们培训出来,是一件极其困难的事情。他们将被派往该国最危险的地方做敌对势力和其他部队间的联络员。受训人员将被分成12个小分队,通信条件极差,人身安全将受到极大的挑战。而且如果工作没做好,国家与地方武装之间的关系最终破裂的话,许多其他士兵也会深陷危险之中。这些士兵经过了极其严格的筛选,素质很高,但由于来自地方自卫队,他们没有接受过正规军那么多的训练。我的任务就是训练他们,使他们的技能达到正规特种部队的水平,而且只给了我短短几个月的时间。

我找了8个正规部队的人来协助我的工作。一开始,我们制定了非常明确的目标,设计了一套严格的培训计划。每个人都很明白,如果他们在规定的时间内达不到要求的标准,他们将退出培训。我们给了这些地方士兵很大的压力,按照我们制定的标准对他们进行连续测试。有一些未能达标而中途被淘汰了,但总体上我对他们的努力进步很满意。士兵们很清楚我所传达的信息——绝不能低于标准,这一信息也收到了预期的效果。

培训进行了6个星期,我周末有事要离开,这些士兵照常进行两天的训练。我离开了,信心满满地想着在我回来的时候,正规部队的士兵会给我一份满意的汇报。在离开后的第二天下午,我意外地接到了副指挥官的紧急电话，事情不妙。受训的士兵似乎把前几个星期辛辛苦苦学到的东西抛到九霄云外了。他们就像业余的士兵一样，在错误的地方打伏击，出现基本的识图错误，还有许多只有童子军才会犯的错误，看来已经退化到菜鸟的水平了。最后，士气崩溃，每个培训小分队因相互指责而四分五裂。

我紧急赶回来，让他们向我作了详细汇报。正规部队来的培训团想要开除一半的预备役人员，因为他们没有达到目标，而且在培训中完全是一团糟。我听完了他们的汇报，但不赞成他们的做法。我意识到自己犯了一个错误，没有将我与受训士兵的关系传递到我的团队。我的确得到了自卫队队员们的信任，但是他们的动力过于依赖我和他们的关系。我对我的培训团队说，我想把他们全部召集起来，转变一下他们的位置和角色，再给他们一次机会。我的团队并不完全赞同这个做法，但这是我的决定，他们答应支持我。

我把所有人召集起来开了情况通报会，在重组了训练分队并将其中一人降级之后，我让他们告诉我问题出在哪儿。给他们说话的机会，这让他们打心里觉得内疚。从他们的身体语言可以看出，他们对自己非常不满。他们坐立不安，东张西望，避免和我眼神接触。他们对自己感到失望了。

我现在开始重建信任的基础。我阐明了当前培训项目的优点和缺点，讨论了分队的组建以及打算如何改造他们。我确实对周末的事情感到失望，但也坚信他们有取得成功的实力。我还提醒了他们，外面许多人盼着他们失败。

"如果你们继续这样,活该遭批挨骂。我们不是在这儿闹着玩的,这次训练和你们执行任务同样重要,如果你连训练都做不好,执行任务同样也做不好。但是我知道你们能够达到我们的要求。我为你们押上了我的名声,因为我相信你们能做好。但如果你们再出现任何失误,哪怕是一丁点儿的失误,都会被立即除名。"

通过这次通报会,让每个分队的队长和队员都完全明白了自己的角色和责任,他们明白了他们的任务之一就是共同承担责任。要求达到的训练结果也讲得很清楚,我们继续最后两周的部署训练,每个人都出色地完成了训练科目。最后,他们完美地达到了正规部队的标准,之前那些批评该项目的人都称赞他们的表现,他们完全证明了我对他们的信任是正确的。

第七章·作为团队领导者的你

本章精要回顾

如果你掌握了做一名优秀团队成员的艺术,要成为一个高效团队的领导者就简单多了,因为你已经知道了什么是精英团队。不管是团队成员还是团队领导者,你还是你。不要尝试改变自己,保持真我就好。

如果你领导的团队了解并按照精英团队行为圆环去做了,你的任务就会很容易了。如果他们还没达到这个要求,你就还需要做许多工作。在梳理团队问题的时候,要确保自己是按照圆环模式的原则去做的。要开诚布公,敢于揭露自己的弱点,因为这非但不会影响你的地位,还会让你与团队相互信任,会让你在团队中的权威得到不断的提升。

让你的团队看到,成员犯了错误,领导者应该首先承担责任,从而将团队的利益置于个人利益之上。但如果有团队成员达不到要求,你处理起来也一定要果断迅速。由于你的团队成员能共同承担责任,他们就会自觉地完成团队中应该完成的工作,这样你就有更多的精力关注与你们利益相关的其他事情,但最重要的,还是团队的整体利益。

第八章　作为机构领导者的你

欲先民，必以身后之……太上，不知有之。其次，亲而誉之。其次，畏之。其次，侮之……功成事遂，百姓皆谓：我自然。

——老子

深入敌后·8

"直升机一离开，D8就迅速离开集合的地点，以防对方听到飞机的巨大轰鸣声而暴露了行动。到达安全地点后，汤姆叫大家停下来。他看完文件夹里的资料，把战友叫到一起简单地说明了情况。

"'在这里还有一支侦察队伍，有斯坦、吉姆和他们整个D9小分队。我们得呼叫D9，他们发射过短波信号，看来他们遇到了麻烦。他们一直靠步行，没有汽车。我们的任务是找到他们并把他们带出这个鬼地方。'

"'我们距离他们有多远？'凯文面部表情很严肃，没有比听到同伴和朋友身处困难更糟糕的事了。

"'最后一次通信是在正西方向，离这儿70千米。'

"'这么说，如果抓紧时间，可以在天亮时赶到那里。那我们还等什么？'

"汤姆并没有对柯林急切的心情感到高兴。'我想问问，你们是不是都知道我们在做什么,为什么要这样做,而且你们也没有更好的办法了?如果没有,我们必须快速到达那里,但是车子不能出任何问题。如果车轴坏了,大家都得遭殃。一到那里我们就要展开搜索、制订计划,清楚了吗?'

"'为什么不能派飞机过去?'乔迪问。

"'我们无法与他们实现定时通讯。他们可能在任何地点向我们发出信号,也许对方士兵就在那个区域,而且他们有防空导弹,派飞机过去太危险。况且我们现在就在这儿,明白了吗?'

"听了这番话,所有人都安静了下来,并回答说'明白'。

"晚上车子行驶得很快。和往常一样,D8的队员轮流开车。天气严寒,敞开的军用路虎连挡风玻璃都没有,车顶着风行驶,东风就更加肆虐了,夹着雨雪直直地打在他们脸上。渐渐地,身后的地平线上出现灰蒙蒙的光亮,正在开车的米克朝汤姆这边侧了侧身。

"'我想还有2000米就到他们最后发出信号的位置了。'汤姆举手示意,两辆'小手指'并排停了下来。所有人扫视周围的沙漠,观察地形。

"'看到那边的高地了吗?'史蒂夫指着往北两百米处的碎石坡说。'我去高地顶部看看情况吧。'

"'行!你可能需要在那边建立一个哨点,带上温斯。温斯,拿上狙击枪,那是你的强项。如果位置好,你可以待在那儿掩护我们。'

"顺便说一句，这些远程狙击步枪在1000米甚至1000多米的射程内，精确度都很高。由于冲击力巨大，再加上高精准度，足以给对手造成打击，甚至直击他们的心脏。

"史蒂夫和温斯迅速爬上了碎石坡，从两辆车的视野中消失了。同时，柯林试着用短程巡逻网络无线电联系D9。'D9，D9，我是D8，收到请回答，完毕。'

"无线电发出了嗞嗞的声音。'收到，D8。你们的位置在哪？完毕。'

"柯林松了一口气，禁不住咧嘴笑了。汤姆抓起话筒：'D9，请报告位置和情况，完毕。'

"拿来地图，米克很快在地图上确定了位置，在东面1000米开外的小山上。'我们昨晚和对方交火了，被他们困在这儿，不得不丢弃重武器。现藏在一处有利于防御的位置，被对方一个机动连的兵力（大约100人）包围了。昨晚趁黑，打了他们一下，我想他们在等天亮再计划下一步的行动。完毕。'

"'有人受伤吗？完毕。'

"'有。'对方停顿了一下。'我们都冻坏了。奇科情况尤为严重，子弹打中了肩膀。我们的弹药也有限。完毕。'

"'再坚持一会儿，我们会想出最佳方案来营救你们。你们等着吧。完毕！'

"史蒂夫飞快地跑下山作了报告：'他们就在前面的山谷，被对方包围在一座孤立的山上，但位置很好，掩护多，很难发现他们。对方估计有一个连的兵力，两辆装有重机枪的吉普车

我们见过,还有4辆卡车。'

"史蒂夫还没报告完,山的那边就传来了枪声。

"'打起来了。赶紧和米克回到温斯那里去,看来那儿是最好的火力支撑点。我们4个坐"小手指"尽可能地向九号靠近。不要把对方的卡车打报废了,要让他们有路可逃。你们一上去就开火,先干掉那两辆吉普车。温斯知道先打他们领头的。就当这是常规演习,行动!'汤姆跃上了第一辆路虎的驾驶座,凯文、乔迪和柯林紧跟着上了车,所有人都像在训练中一样本能地迅速找到了自己的位置。

"等史蒂夫和米克到达温斯所在的位置时,对方士兵已经在山那边的山谷呈扇形展开,并向前推进了。他们准备在D9所在的小山顶建立据点。两辆吉普车已经开至山脚,正朝着D9所在的位置开火。

"尽管路虎发出了噪音,但汤姆还是听得见狙击步枪短促而清脆的声音。比起自动步枪来,这声音更深沉、更有杀伤力。对方的火力突然减弱了,他知道温斯打掉了吉普车上的一个机枪手;又是一声枪响,另一个机枪手也被打掉了。

"从山顶上,进行火力支援的几个人可以看到他们的火力在对方士兵中造成的恐慌。在史蒂夫和米克更强大的机枪火力支援下,温斯仔细地挑选着射击目标,将对方士兵一个接一个地打掉。很快,他们看到'小手指'快速地翻越了山脊的最低处,冲下山谷,连续向敌人精准开火。对方士兵见状,连忙掉头奔向了最近的有篷卡车,加速一溜烟儿似的朝相反的方向逃出了山谷。

"D9的8个人从藏身的地方走了出来,爬下山坡朝'小手指'走了过来。斯坦搀着奇科下了坡,挤上了路虎。车子越过山脊原路返回,又接上了提供火力支撑的几名队员。

"'兄弟,委屈一下,地方有点挤,但至少可以暖暖身子!'汤姆边开车边说。"

从优秀到卓越

吉姆·柯林斯(Jim Collins)的《从优秀到卓越》(Good to Great)是当代最有影响力的商业书籍之一。原因之一,就是该书的发现不是基于个人的主观臆断,而是基于科学研究。为了这本书,研究者们回顾了1435家知名公司在过去40年的经营成果。从这一巨大的数据库中,最后确定有11家公司在过去长达15年的时间里,其累计股东回报要大大优于一般股票市场。往少了说,起码相差6.9倍。有些公司可能是你没有想到的:雅培,电路城,房利美,吉列,金佰利,克罗格,钮柯,飞利浦,必能宝,沃尔格林和富国银行。其中一些公司知名度也很高(男性读者此时可能会摸摸下巴然后说,"是啊,今天早上是剃得挺干净的"),但如果要问最具实力的公司,大部分的人可能会列出一份完全不同的名单。

随后,柯林斯分析了这11家公司的精英团队,最后归纳出其共同的特点，正是这些特点造就了这些公司的成功。你会很高兴地看到，这些特点与本书前面讲到的内容惊人地吻合。

特点一：领导力

不出所料，柯林斯书中的第一个特点就是领导风格。在"从优秀到卓越"的公司（机构），其领导者的特点——柯林斯将其称之为"第5级经理人"——印证了我在第七章中提倡的团队领导者素质：雄心壮志，即要有让公司而非个人获得成功的雄心壮志；谦逊，这一点会让他们将功劳归于团队，帮助他们培养继承人；坚定的意志，这一点会让他们取得卓越的成就。下面来看柯林斯的原话：

在一切都很顺利的时候，第5级经理人向窗外看，把功劳归于自身以外的因素（如果找不到特定的人或事件，他们就把功劳归于运气）。同时，如果事情进行得不顺利，他们会朝镜子里看，承担责任，而不是埋怨运气不好。

特点二：人尽其才

这些公司的第二大特点就是注重先招募合适的人才，再决定要做什么，就像柯林斯说的："首先是'用什么人'，然后才是'干什么事'。"许多公司却完全相反，他们先制定愿景和战略，再招募人员去执行。通常这些愿景和战略来自某位有超凡魅力的领导，这本身就让公司容易出问题。另外，这也意味着招募的团队是去实施别人的愿景和战略。然而，"从优秀到卓越"

的公司首先考虑的是在恰当的岗位上有最佳的人选，再依靠他们的技能，帮助制订公司计划。有了高水平的团队，作出正确选择的机会就高。而且，由于是团队自己制订的计划，他们会为之更加努力。在部队服役27年之后，我曾经所在的团队继续发展壮大。我很高兴看到他们对我的感激之情。但最要感激的，是其他接替我的人，他们继承了我们一贯的文化和精神。

"从优秀到卓越"的公司建设团队的另一个特点，就是大量从公司内部提拔人才。他们在员工培训和发展方面的投入更多，需要从外面招聘的较少。他们在领导者选拔上也是如此，许多为"从优秀到卓越"做出榜样并一以贯之的CEO就是从公司内部成长起来的。这与我的做法不谋而合，我们在部队时正是这么做的。

但是当公司必须从外部引进人才时，"从优秀到卓越"的公司会迅速、果断地采取行动。这和我在第七章中提到的很类似。

有了优秀的人才就要好好加以利用，用最好的人才创造最大机遇，而不是制造最大的问题，确保重要的问题都要进行广泛深入的讨论，以寻求正确的解决办法。还记得前面精英团队行为圆环中的实证性分歧和团队至上吗？此处，我再次引用吉姆·柯林斯的话："在'从优秀到卓越'的管理团队中，有从激烈的辩论中寻求最佳解决方案的人，也有抛却狭隘利益、最后作出统一决定的人。"这和我的观点也很相似。

特点三：目标分析

第三个特点来源于以实证性分歧为特点的激烈讨论。高明的领导者问高明的问题。许多领导者一开始就装作自己有了答案；或者害怕暴露自己的弱点，说自己还没找到答案。事实上，为了解事情的真相，提出恰当的问题正是强有力的领导者的标志。

要提出恰当的问题，就首先要面对市场现实。方向错误的公司可能会忽视周围残酷的竞争现实。有时，在一些大公司，你会发现中层管理人员说"上头让我们这样做的，老板完全不理解我们的难处"之类的话。这会导致他们处于懈怠、消极的状态，这样自然不可能取得成功。承认挑战的存在并真正明白它是怎么一回事是克服挑战的第一步。只要我们认识、理解并掌握挑战，挑战就没有那么可怕。因此，不要害怕面对挑战。拥有正确的态度和意志力，不回避成功路上的困难，你绝对有把握取得最后的胜利。

不要做鸵鸟。卓越的领导者会深入事情的内部，去看表面背后是否有作梗的东西需要处理，而不是逃避现实。我经常讲，卓越的领导者不清扫地毯下面的垃圾，但他们会掀起地毯检查下面有什么需要清理的，不管这样做会多么得令人不快。

特点四：专注

从"优秀到卓越"的第四个特点，柯林斯在他书中的第五章称之为"刺猬理念"（hedgehog concept）。要我说，这就是专注：确定一件你真正擅长的事，专心去做，确保你拥有所在领域需要的技能和工具，以达到精英的表现。记住：在"从优秀到卓越"的公司，专注某个方向不是你作为领导者的个人之选，需要公司经过公开激烈的讨论才能决定。这样，公司的愿景和方向也是整个团队的愿景和方向，实现这一愿景就成了共同的热情。

柯林斯指出，在大公司运用"刺猬理念"耗时较多，建议采用"事务委员会"的形式，6至12名公司重要高管定期碰面，就公司面临的问题进行探讨和辩论。

特点五：训练有素

柯林斯指出的第五个特点，就是整个公司建立训练有素的文化。这也是贯穿本书的主题。真正的训练有素不是自上而下专横地施加权威，这不是我们在部队或任何精英组织（不管是不是特种部队）的做法。恰当的训练有素的文化实际上会给公司带来很大的自由。当然，要对训练有素解释清楚，理解哪些需要个人负责。同时进行自我约束，以实现公司总体利益最大化。这种形式的训练有素就是自我管理，减少官僚主义的出现，官僚主义常常是用来掩盖无能和粗心大意的。训练有素能够自我长久存在，成为公司的支柱。

再次引用吉姆·柯林斯的观点：

首先是训练有素的人。在转变初期不是将较差员工引入正轨，而是首先重用训练有素的优秀员工。其次是训练有素的思想。你需要训练有素以面对残酷的现实，同时又坚信你能够也将会开辟更加辉煌的道路。最重要的是，训练有素的文化能使你坚持对观念的探索和理解，直到你得到自己的刺猬理念。最后是训练有素的行为……这种顺序很重要。对照公司直接跳到最后一步。但是如果没有训练有素的人，训练有素的行为就无法维持；没有训练有素的思想，训练有素的行为只能导致惨败。

训练有素一直是我使自己保持专注的最有力量的一个词。

特点六：正确运用技术

柯林斯的第六点，也是最后一点，与这些"从优秀到卓越"的公司使用技术、进一步树立公司目标的方式有关，柯林斯称之为"技术加速器"（technology accelerater）。不要看到其他公司在运用某种新技术就去使用该种技术，也不要为了用新技术而采用新技术。他们会问，新技术是否适合他们从事的业务。如果不适合就不用，如果适合，他们就会率先使用，而且常常以独特新颖的方式加以使用。这种对新技术的合理使用会帮助企业加速向前发展。

从团队成员到团队领导者，再到机构领导者

从团队成员转变为团队领导者，应该是自然的过程；同样，从团队领导者到机构（公司）领导者，或成为好几个团队的领导者也是如此。其中的原则是一样的，决不能忽略精英团队行为圆环中的4点。

就某些方面而言，随着你向公司高层的升迁，事情反而更容易，因为自上而下落在你身上的压力在减少，这可能和你关

于如何达到精英表现的想法和认识不一致。此刻,你上头很少有人以独裁而非精英的方式将某种不同的文化强加于你,甚至你做那些你认为该做的事情的阻力也会变小。

另一方面,事情也更有挑战性。随着你在公司的升迁,不可避免地与一线更加疏远,也更难了解基层的情况了。虽然在高处可以看得更广阔,但你再也看不到你起步的基层所发生的事情了。

高处不胜寒。如果任其发展的话,你会变得孤独。不要做圣经中摩西一样的领导者,不要独自高高在上,优哉游哉地听听下面的汇报;然后回到基层,发现你不在的时候出了问题就勃然大怒。你要牢记你的团队,让他们经常和你在一起,保持联系。运用你在第七章中学到的领导团队的方法,继续和你的直接下属一起工作。确保你直接领导的团队与他们团队以同样的方式工作,依此类推直至最底层。

沟通

当然,你在公司的地位越高,承担与更大团队交流的责任就越大,如召开销售会议或公司会议。这里要特别注意平衡。一方面,你需要具备向听众展示你作为领导者的技巧和才能;另一方面,你必须明确重申公司的团队文化,向大家证明,公司团队至高无上,公司的成就是集体的成就,不是个人的成就。记住,"从优秀到卓越"的公司的第一个特点,是他们不需要那些搞独裁、名字家喻户晓且魅力非凡的领导者;要分摊功劳,不要邀功。当你擂鼓的时候，要擂团队之鼓，不要擂个人之鼓，而且要让其他人和你一起擂鼓鸣金。你的目标，肯定是希望被大家视为"领头羊"，而不是某位杰出的名义领袖。

不要忘了第五章的内容，时刻注意提升自我。花时间掌握新的沟通技巧，以适应更高岗位的需要，这是你进入角色的基本条件之一。

信息

同时，你需要确保自己了解公司的情况。当然，这并不意味着要过分关注管理信息中的每个细节，把自己埋在数据堆里。如果你弄清楚了公司运行的关键所在，你也就知道了哪些信息才真正重要，哪些信息会真正告诉你能否在你专注的领域取得成功。通过一定数量的管理信息，你便可以遵循和理解企业发展的模式和趋势，这要比陷入大量琐碎的细节中要好得多。我经常看到一些颇有才华的主管往下深入的细节太深、太多，造成整个团队不信任的风气。如果他们的直接下属感觉自己在被人审查，就会认为这种行为是对他们缺乏信任的表现。这样的主管通常没有时间制定战略，因为他们陷入到了具体操作和战术细节之中。不能适当授权，必然会使团队的行为受到很大的限制，甚至会让人怀疑他们是否适合公司的高层职务。

很明显，不时走下山巅，亲自看看山的两侧和更低的山坡，甚至是山脚的灌木丛，还是很重要的。这么做的时候，一定要接地气，平易近人，但不要接受或表示对直接负责人的批评，以免损害他们的权威。即使已经达到了权力的巅峰，你也无权不按正确的途径行事。

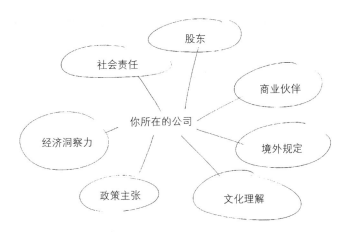

——— 作为组织领导者，就是要知晓所有对你角色构成影响的系统 ———

与公司外部的相关利益方合作

当你身处公司高位的时候，还有一点就是你要更多地关注公司外部的事情。你将不得不花更多的时间处理与外面的合作伙伴、顾客、股东、行业协会，可能还有公务人员和政府人员等之间的关系。而这些实体是你无法直接控制的，你最多只能进行有限地控制。他们的文化可能与你为自己公司倾注的精英文化截然不同，有些可能完全相反；而他们的有些目标也可能与你的公司目标相冲突。即使有时从理论上讲目标一致，你也可能遭到对方的敌意和猜疑。

  显然，我在第四章讲过一些关于沟通和谈判的技巧与此相关。但也有必要用一种更具战略性的眼光来进行谈判，从众多的可能性中找出谁最有可能成为合作伙伴，并对他们施以最有效的影响。正面冲突可能不是最有效的，最好是以联盟的形式去影响并争取日后能帮助你达成目标的群体。

战略合作

离开部队以后不久,我面临的最具挑战性的任务之一是海外的反恐训练。我的任务是训练一支高级领导团队,确保他们能够应对各种形式的恐怖事件。我很快发现这支队伍的素质很高,受过很好的训练。对于他们的角色和任务,我没有什么可教他们的。真正的挑战在于,仅靠对他们进行训练,我是无法达到目标的。他们没有反恐的最终权力,他们只是配合。有效应对恐怖分子的挑战需要一系列机构的通力合作——警察、反恐特战队、部队各作战单元、情报机构以及政府部门。我需要所有这些机构联合起来一起训练,但是我无权要求他们这么做。而且,这些机构之间相互又存在矛盾和猜疑,这一点很快就变得很明显了。他们拥有不同的文化、操作规程和关键业绩指标。他们也不相信我的动机,感觉我让他们以更协调的方式合作的提议是一种威胁。

我很清楚,这个项目至少要花3年的时间。我们需要那么长的时间以确保我们能对所有这些关键领域进行培训,并对每一组的工作方式进行考核。所以,我在培训直接负责的团队,要他们做好充分准备以应对任何可能发生的恐怖事件的同时,还要在每一个关键领域寻找有同样想法的人。我曾在一个部门确定了一名指挥官,该指挥官确实明白恐怖事件的危险性,并承认自己的团队在指挥、行动和战术层面并没有做好应对恐怖事件的准备。

有一位高层的决策者，我需要和他结成联盟。他为人谦逊，又渴望能最大限度地发挥出团队的潜能，使他的团队达到精英水平。我们花了两个月的时间才建立起一套训练模式。在训练中，我们挑战传统的方法，打破了几十年来既无效果、又浪费时间和资源的旧有训练模式。我们的训练有必要尽早取得成功，因为这样，我们就可以向其他利益相关者证明，我们新的训练方法是正确的。

和任何有效的训练一样，我们的主要目标就是让整个训练过程尽可能接近真实情景。我们制订了为期五天的训练计划，前两天专注于训练特定技能，以确保训练相关的各部门之间的互通性。这意味着我们让政府官员与可能被派去控制恐怖事件的警察和军队一起合作。接下来的两天，我们把这些技能在有压力的情况下进行一系列非常简短的训练。这意味着地面单位要知道如何适应不同的情况，战地指挥官要学会在现场从战术和行动的层面作出决定，高级指挥官要了解如何在指挥中心制定战略决策。

这些项目完成之后，在第五天，我们对他们进行了严格的测试，以此来评价每个人的能力。在没有给予他们任何外部支持的情况下，这样的训练是根据现实情况负责人所制定的决定进行的。

通过这种方式，训练会让参与者尽可能地接近真实情况。如果有人在现场作了错误的决定，后果是无法挽回的。所有团队的行动都依靠这一决定，其压力可想而知。

还有另一层压力，就是我邀请了其他地区的代表来观摩。

这次训练取得了巨大的成功，因为参与人员真真正正地把自己置于险境之中。他们开始意识到，自己的表现能够达到精英水平。接下来的3年，我们采取同样的训练方案，在该国的各个地区组织了训练。

两年后，我得知该国发生了一场重大的恐怖事件，需要3个地区的团体协同处理。由于经历了复杂的训练，在处理真实的恐怖事件时，他们简直不敢相信事情会如此简单。

另一项需要掌握的能力，就是要越过短期压力，关注中长期的成就。不管是出于股市的压力还是出于其他考虑，短期表现及直接后果的压力可能会很大。这种压力常常削弱精英或"从优秀到卓越"团队的表现，所以，最好以更长的时间段来衡量他们的表现。当我开始与企业领导者合作时，我经常惊讶地发现他们缺乏应有的培训，从中短期思维向长期思维转变也非常困难。当然，许多企业领导者是被迫按照季度周期呈报结果的，但他们不具备向前看的能力，无法提出正确的战略方针，所以总是难以取得成效。

公开表明态度

在我有幸指导过的最优秀的CEO当中，有一人管理着一支国家体育赛队（我们互相学习，取长补短）。他有诸多的利益方要维护，其中许多的个人目标和区域性目标都与他的全国性的视野不符。体育赛队在国际舞台上的成功是最高目标，这一目标将商业与赛队联系在了一起。赛队的成功会带来商业成功，商业成功带来的利润又可以促进赛队获得更大的成功。

我看着这位CEO与他的团队共同制定了一个要花6年才能够完全实现的战略，然后看他进行了最激烈的谈判，不仅争取到了外部的利益方，还争取到了内部的利益方。在媒体的攻击下，他顶着巨大的压力，起初几乎没人支持他，而且许多人还期望他不要成功。在这种情况下，促使他站出来的就是两个字：勇气。

他坚持自己的长期战略，实现了许多精心策划的小成功。每一次成功都为下一步打下了基础，向他建立成功的国际赛队和盈利性企业的终极愿景又迈进了一步。按照精英团队行为圆环的原则，他与他的领导团队一道赢得了大部分公司内外部利益方的支持。但仍然有些利益方对此很不高兴，因为他们失去了控制力和影响力（你必须意识到你不可能赢得所有人的支持），但是他们也不得不承认，该公司是这项体育项目的推动力量，是体育界最有活力的商家之一。我相信，如果他们持续下去，未来10年依然会很成功。

接班人

也许对精英领导者的终极考验,是他们如何干脆利索地退位。记住,精英领导者注重团队至上,而不是他们自己狭隘的职业利益。因此,精英领导者心中最重要的,就是接班人计划。"我走了谁来接替我?什么时候接替我?"通常第二个问题的答案是:"当其他人能够胜任或比我做得更好的时候。"当公司在他人的领导下能够获取更大的利益时,精英领导者是不会守住自己的位置不放的。

确实,精英领导者要能够自我察觉,正确判断那一天何时到来。对他们真正的奖励将是尊重和敬畏,他们也因此为人们所铭记,因为他们所作出的决策,都是以团队利益为重的。

本章精要回顾

公司的精英领导者最重要的特征就是谦逊。如果身居公司高位的他们真实地表现出公司比公司领导者更重要,那他们就能很好地为公司注入正确的文化,最终肯定会取得成功。事情做得好,把功劳让给团队;事情搞砸了,把责任归咎于自己,没有什么比这么做更能获得忠诚了。

尽量雇用比你有才华、更能干的人,为公司招募正确的人是最重要的事。大部分真正擅长做事的人往往很谦虚,因为他们对自己的能力很了解，拥有自信，不需要外界的奉承。但是如果要招聘的人骄傲自大、不遵守公司的文化和纪律，不管他多么有才华都不要录用。

　　为人谦逊，会让你成为一个平易近人的领导者，同时又不损害下属的职权。你的平易近人会让你有很多的沟通渠道，除了你关注的重要的信息，公司上下所有的事情都会有人告诉你。人们常说，伟大的领导者是那些对接班人有精心的安排、自己可以全身而退的人，他们知道什么时候让位。在拥有精英团队的公司，做到这一点就更容易了，因为公司的每一个环节都很合理，具有可持续性。

第九章　结语

Elite!
The Secret to Exceptional
Leadership and Performance

男人不怕事,但在乎看待事情的方式。

——爱比克泰德
（Epictetus）

如果你因世事而感到痛苦,扰乱你的不是世事,而是你对世事的判断。是时候摒弃那种判断了。

——马可·奥勒留
（Marcus Aurelius）

深入敌后·9

"他们13人都安全返回了吗？"

"是的，他们一路向南，开得飞快。根据判断，他们认为白天开车还是比闲荡在外面要安全。确实如此，他们一路上都没再遇到意外。"

"马丁怎么样了？"

"马丁和奇科完全恢复了，两人都很坚强。营救小组行动迅速，及时将他们送了回来，这为他们的治疗赢得了最好的时机。"

"这么说，D9当时运气太差了。"

我说话的时候，弗洛伊德身子前倾，这让我开始感到不自在。他直直的目光好像要在我额头中央，也就是鼻子正上方钻个洞似的。

"对不起，我是不是说错什么了？"弗洛伊德有点逼着我表达歉意的意思,而我自己都没意识到。

他放松了下来,身子退了回去,我也松了口气。

"是的,你确实说错了。你刚刚说运气不好。运气?这不关运气的事。我们的命运掌握在自己手里,而不是靠某种运气的力量。外部环境肯定对我们有影响,但我们得想办法应对。我们对可能要发生的事情要制订好计划,训练可以让我们对即将发生的事情有充分的准备。D9不是运气不好,是他们计划和准备不充分。他们没有充分发挥精英团队的潜能。他们犯了错误,但今后不会再犯了。他们的总结会帮助他们意识到哪些地方在下一次行动中有待提高。当然,他们可能也有过激烈的争论,但彼此都表现得过于尊重。这些教训也会传到其他队伍中,让其他队伍也从中得到启发。

"你看,当我们表现出精英水准的时候,我们就不会为失误留下什么余地。D9表现得并不糟糕。不管是过去还是现在,我们特种空勤团里没有一个表现差劲的。在战场上他们个个勇气可嘉,技术精湛。但一两个欠佳的决定让他们错过了一些扭转局面的机会。

"D9成员的性格构成确实有问题。吉姆中士和斯坦下士这两个有资历的老兵性格一样——外向,甚至算得上是盛气凌人。新来的比利和奇科性格很相似,助长了吉姆和斯坦的性格特点。他们俩对吉姆和斯坦达到了近乎英雄崇拜的程度,确实使得问题更加严重。

"斯图、弗莱彻和埃文这三个有经验的人恰到好处地给团队带来了一些平衡。但是他们确实太内向了。他们对计划感到很不满，他们真的应该提出自己的意见。吉姆也没有完全用心地去融入他们，部分原因是比利和奇科过于迎合他了。吉姆应该更努力地让他们说出自己的想法，而且之前也不应该严厉责备另一个年轻的小伙子格斯。当他责备格斯时，格斯连说出自己想法的机会都没有了。斯坦差一点就能力挽狂澜了，但为时已晚。"

"是的，"我插了一句，"我肯定在某个地方看到过一句话，'没有遵守纪律的想法，守纪行为会带来灾难。'"

弗洛伊德笑了笑，继续说："从某种程度上说，如果说'运气不好'，那么D8的运气比D9还要糟。你可以说，马丁在对方第一轮的火力中被击中背部是因为'运气不好'，你也可以说对方知道如何精准命中。在战斗中，自己或指挥受伤是随时都需要做好准备的事情。D8巡逻队就做得很好，他们马上呼救，做好了应对的准备，解决了危机。他们很好地施展了在训练中已经练就了的第二本能的一些基本技能。他们彼此信任，不需要左顾右盼观察队友，因为他们知道队友一定在。他们在行动中彼此照应。也就是说，在压力之下，在红色区域，他们的表现就是一支精英团队。他们给了自己最大的成功机会。"

"嗯，我明白了。如果在书里能读到这些内容，那一定很有意思！"

弗洛伊德又纠正了我，但这次面带微笑。"而且很有用，很实用，这才是最重要的。"

最后的精要回顾

我希望本书能够引人深思,至少让你审视自己的技能和行为,让你往"压力区"更进一步。

我希望本书能够为你提供一些真正有用的建议,在你以后的职业生涯中能够用得上,不管这些建议是什么。

我真正想要在本书中强调的信息,或者说传授的经验,就是我们都能在自己选择的领域大放异彩。要使自己成就卓越,需要的就是我在书中极力阐述的结构化的方法,以及实现这一目标所需要的自律和决心。

我认为大家首先要了解我的表现,然后了解我周围的人,这一点很重要。迈向精英行为的第一步必须理解其背后的原则,那样我们才能始终将其视作行动的指南。

相信前面章节所讲到的方法肯定会对你有所帮助。我认为最重要的因素就是你的初心,人有什么样的初心就会做出什么样的举动。如果说本书有要你们务必记住的,那就是:你的命运自己掌握,自己主宰。

如果你只是喜欢本书所讲的内容,认为对你会有帮助,但不加以运用,那你什么都改变不了。曾经有多少次在培训课上碰到好的想法,你却未付诸实施呢?你又回到了心中的老一套上面去了,而忘了提升自己。

没有付出,就没有回报。要有所提高,就必须行动起来。

无所作为，终将被淘汰。

在阅读这本书之前，你可能就已经在做书中所提倡的很多事情了。我希望通过本书，你对自己表现中那些积极的要素有更清晰的认识，从而获得成功。当你真正理解了这些要素，你就能将其运用到自己的行为当中，或者当你成为一个或多个团队领导者的时候，也能够灵活运用。

回顾自己的职业生涯，我发现身边总是不乏才华横溢之人——至今仍然如此。这提升了我自己的水平，使我能更快地提高自己的领导和决策能力，正所谓近朱者赤。身处一个合适的团队不容易，不管是加入一个优秀的团队还是建立一个优秀的团队。但这是成功的关键。

致谢

在本书的写作过程中，我得到了许多人的帮助，在此一一表示感谢：

罗布·肯尼特博士（Dr Rob Kennett），世界顶级谈判专家；理查德·克洛斯（Richard Cross），他帮助我从企业家的角度理解了领导力；当然，还有西蒙·阿克兰，他为我验证有关领导力的理论提供了极好的支撑。

我还要感谢KM、BM、SJ、VO、MC-S、RP、JS、CT、AF、MV、ST、GL、SW、NH，以及RL，[①]他们都是军界、警界、体坛和商界的杰出领导人物。

最后，还要感谢我的家人：我的太太苏，以及我可爱的孩子乔、里安农，还有罗西，他们一直支持我、鞭策我，激发了我很多的灵感。

特别要感谢一下我的儿子乔，他让我一直待在红色区域。

弗洛伊德·伍德洛

---

① 以上全为人名缩写。——编者注

译后记

The Secret to Exceptional
Leadership and Performance

相信每个人在追求卓越的道路上都付出过努力，但一部分人失败了，一部分人中途放弃了。真正成功的，只是很少的一部分。

作者想要通过这本书，让读者找到那把通向卓越之门的钥匙。这把钥匙说起来简单，但寻找起来却是一个复杂、艰辛而又漫长的过程。在书中，作者并没有用枯燥的说教来证明自己的观点，而是用了大量的故事和实例，结合心理学和管理学的相关知识，让人读之有味而受益无穷。其实，作者的经历和身份——英国特种空勤团队员、少校，各类大小机构顾问，英国多项勋章获得者，这些本身就足以成为书中观点最好的佐证。

作者告诉我们：大脑是一个物质器官，成功的基础就在于学习和训练，而学习和训练就是强化大脑模板的过程。大脑看似在支配我们的活动，但它最终还是由我们自己所掌控。尽管每个人对成功和卓越的定义不尽相同，但成功的过程和付出却又是类似的。

相信本书不仅仅只是管理者和商业人士的指南。读完本书，你会在为人处事、沟通交流、团队合作等方方面面学到很多实用的技巧，同时感受到作者传递给大家的正能量。

很喜欢作者书中的一句话："是我在飞逝，而不是时间。"奋斗的人生，会让人感到生命也得到了延长。

杨占
2018年3月

Barr, L. and Barr, N. (1994). *Leadership Development: Maturity and power.* Waco, TX: Eakin Press.

Barrett, R. (2010). *The New Leadership Paradigm: A leadership development handbook for the twenty-first century leader.* Lulu.com.

Collins, J. (2001). *Good to Great: Why some companies make the leap... and others don't.* New York: Random House Business.

Csíkszentmihályi, M. (1990). *Flow: The psychology of optimal experience.* New York: Harper and Row.

Curran, A. (2008). *The Little Book of Big Stuff about the Brain: The true story of your amazing brain*, ed. I. Gilbert. Carmarthen: Crown House Publishing.

Drucker, P. (2011). *Management Challenges for the 21st Century.* New York: HarperBusiness.

Goleman, D. (1998). *Working with Emotional Intelligence.* New York: Bantam Books.

Keirsey, D. (1998). *Please Understand Me II: Temperament, character, intelligence.* San Diego, CA: Prometheus Nemesis Book Company.

Lempereur, A. and Colson, A. (2010). *The First Move: A negotiator's companion*, ed. M. Pekar. Chichester: Wiley.

Lencioni, P. (2002). *The Five Dysfunctions of a Team: A leadership fable.* San Francisco, CA: Jossey Bass.

Pease, A. and Pease, B. (2011). *Body Language in the Workplace.* London: Orion.

Thorn, J. (2009). *How to Negotiate Better Deals.* Oxford: Management Books 2000.